消費者權利

——消費者保護法

黎淑慧◎著

The Consumers Right's: Consumer Protection Law

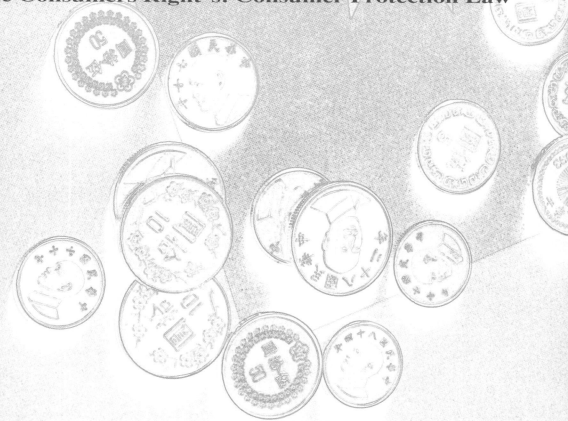

李　序

　　本書作者黎淑慧，是我博士班的得意門生，上課認眞、常發言，表現強烈的企圖心，因此修習本人課程，獲得最高分的肯定。

　　本書從消費者權利所引導的消費行爲談起，從消費者保護法的觀點出發，分析時下眾多的消費糾紛，例如：醫療保健之消費關係、房地產之消費關係、信用卡之消費關係、食品衛生之消費關係、消費訴訟等，都是消保法重要課題，作者所用文字淺顯易懂，不失爲一本好書，可幫助讀者進入此領域，並重視自己的權益，保護自己，以回歸消保法之立法目的。

　　因此，本人樂意爲之序。

監察委員

李伸一

二○○二年八月二十八日

自　序

　　民國八十九年考上博士班，修習兩門課，讓我印象
深刻的，一是消保法，由監察委員李伸一教授擔任講
座；另一爲司法權研究，由公懲會主任委員林國賢教授
擔任講座，使我獲益良多，也獲得很高的分數，讓我有
信心繼續研究此方面的課題。

　　如今，我已是法學博士候選人，因此，更有勇氣提
筆書寫消費者權利的課題，以消費行爲爲題目，從消費
者保護法談起，內有八章，第一章做名詞界定，第二、
三、四、五、六章分別就房地產之消費關係、醫療保健
業之消費關係、郵購買賣之消費關係、食品業之消費關
係、信用卡契約之消費關係做說明，第七章再就消費爭
議處理方式做一說明，最後第八章即做結論。

　　感謝揚智文化公司給我機會，讓我出版此書。也感
謝老師幫我寫序。更感謝外子張武恭的支持，女兒張維
恩的陪伴。最後以此書獻給我的父母──黎西河先生、

古美瑩女士。更感謝讀者的惕勵,使我不斷寫作。

　　學問浩瀚無邊,內容若有瑕疵,請不吝指正,文責自應負擔。

黎淑慧

二○○二年八月二十四日

目　錄

第一章

前　言

　　消費者保護乃二十世紀後期各國政府行政、立法政策的新課題，國民的新共識及國際的新思潮。蓋以近百年來，由於生產技術的日益精進，促進現階段工業的快速成長，其結果固為人類帶來高度的物質文明，但另一方面則為追求大量生產，吸引顧客的目的，商品製造強調技術化，商品功能趨於複雜化，導致商品潛在危險性的升高。尤其，五○年代以後，產業結構的多層化及行銷策略的廣告化，不僅導致責任體系模糊不清，企業者更挾其強大的經濟優勢，利用誇大不實的商業廣告，麻醉、鈍化消費者選購商品的能力，或標示不實，以欺騙、誤導消費者的認知，消費者權益受到威脅。復以商品流通的國際化，往往一件單純的商品瑕疵，卻波及多國成千上萬的受害者。因此，如何透過多元的努力以確保消費者權益，遂成為世界性最重要的社會問題，消費者主義乃應運而生，各類型的消費者組織亦乘勢而起，在其積極推動下，消費者運動遂激成波瀾壯闊，不可遏抑的世界潮流。各國政府（包括亞洲諸新興國家）相繼制定各種法令，設立主管部門以為因應。

第一節　消費者定義

　　美國前總統甘迺迪曾指出「人人均為消費者」。吾人

不生產者有之，不消費則無有，即言，並非人人都是生產者，但人人必然都是消費者[1]。

消費者保護運動，是從一個社會的「角色」——消費者出發，消費者可能是家庭主婦、學生、教員、軍人、勞工，也可能是股商巨賈、政府要員，作為一個企業者，他可能追求產品成本降低、售價提高；但他也可能是消費者，轉而希望物美價廉，符合一定品質水準。因此，「消費者」是一個相對的概念。《環球百科全書》認為消費是指使用貨物、勞務以滿足人類需求，例如：吃飯、穿衣、用肥皂、看報紙、看電影等，皆屬於消費行為。而使用該貨物、勞務者，即稱為消費者[2]。

下面列出幾位學者對消費者之定義：

1. David G. Epstein：消費者，是指為個人、家族之目的，而當購買或借貸之男人或女人（A man and/or a woman borrows or buys for personal, family or house-hold purposes）[3]。

2. Richard E. Speidel、Robert S. Summers 和 Fames J. White：消費者乃是為供個人、家庭或家族之用而「購買或借貸」之自然人，不包括公司及其他類似之企業（The consumer will be a natural person who borrows or buys for personal. Household or family uses, thus the consumer category does not cover a corpora-

tion or other such entity）[4]。

3.美國統一商法典（Uniform Commercial Code）第九節一○九條言，主要為個人、家族或家庭使用之目的，而「購買或使用」商品之人即為消費者。

4.國內學者林瓊輝先生，認為消費者是指商品或服務之購買者，商品之使用者，及服務之接受者[5]。

5.我國「消費者保護法」第二條第一款規定：「『消費者』指以消費為目的而為交易，使用商品或接受服務者。」此處宜注意的是，無論是商品之直接交易者、實際使用者或服務之接受者，均須具「以消費為目的」之主觀要件，始得適格為「消保法」保證之主體。

第二節　　企業經營者

日本私法學會曾公布〈製造物責任法要綱試案〉指出，「製造者」（即商品製造人）（Warenhersteller）是指下列各款之人（第二條第二項）：

1.以生產製造物為業者。

2.以在製造物上附以商標、商號或其他足以表示自

己之標記、名稱，並將該製造物交付流通市場為
業者。

3.以輸入製造物為業者。

我國「消保法」，特別揚棄各國通用的「商品製造人」
之用語，而獨樹一幟地以「企業經營者」稱之，規定
「企業經營者」指以設計、生產、製造、輸入、經銷商品
或提供服務為營業者（第二條第二款），其含義至為廣
泛，包括：

1.狹義的商品製造人（半成品製造人、完成品製造
人）。

2.與商品製造有直接關係之人（如原料供應商、零
件供給人、商品設計人）。

3.營業人如搬運商、進口商、批發商、代理商、經
銷商、零售商。

4.服務提供人等均應包括在內。

另外「消保法」第八條與第二項又規定，改裝、分
裝商品或變更服務內容者，視為企業經營者[6]。

「消保法」所謂的「企業經營者」，雖然可能是個
人、獨資企業、合夥、公司、財團法人或其他形態的團
體組織，而且也可能是以「公營企業」或「獨營企業」
的面貌出現；但是對於「企業經營者」之定義並不能因
其「者」字而生誤會。因為「企業經營者」若是屬團體

組織形態時，則「企業經營者」是指該團體組織本身，而非指團體組織之負責人。因此，不論是「消保法」第七條至第十條所定企業經營者應負之責任，或是「消保法」第六章「罰責」所定應受行政處分之企業經營者，在企業經營者為團體組織時，均是指該團體組織本身，而非指團體組織之負責人或代表人。

第三節　消費者主義（消費者主權）

由消費者主義 [7] 滿足需要的信念，必然導引出消費者主權理論。

消費者主義可以說是基於以消費者為中心的信念。要求提供充分的資訊，以積極地保護消費者權益，並消極地制裁不法廠商的種種活動。消費者在消費之前，應能獲得充分的資訊，使其對自己的需要，以及能合理滿足其需要的商品或服務，有充分而正確的認識；在購買商品或服務時，能得到合理的對待，免於權益遭受損害；在消費商品或接受服務的過程中 [8]，應能得到迅速、有效的救濟與賠償。為達上述目的，而結合消費者所為之一切有組織的努力，即為消費者主義 [9]。

註釋

〔1〕 鄭玉波，《民商法問題研究》（四），國立台灣大學法學叢書（三十八），民國七十四年九月，頁200～201。

〔2〕《環華百科全書》（十二），環華出版事業，民國七十一年八月，頁538。

〔3〕 David G. Epstein, *Consumer Protection in A Nutsbell*（West Publishing Co. 1978）, pp.1-2.

〔4〕 Richard E. Speidel, Robert S. Summers & F. James J. White, *Teaching Materials on Commercial & Consumer Law,*（West Publishing Co. 1978）, p.422.

〔5〕 林瓊輝，《民生主義之消費者保護立法》，中國文化大學三民主義研究所博士論文，民國七十五年六月，頁7。

〔6〕 本法較諸世界各國現在相關法規，誠不失進步。

〔7〕 消費者主義（consumerism），是由美國的凡斯·派克得（Vance Packard）最早使用這字彙，來說服消費者擴大其需求，他認為消費者應該更「貪得無厭」一點，以便改善當時由於市場呈現飽和狀態所引起產品品質不良、服務態度惡劣，及廠商故意使產品提早損害（planned obsolescence）等令消費者不滿意之情形。見 Vance Packard, *The Weste Makers*,（New York: Pavid Mckay, 1960）, p.23。

〔8〕 如發生事故而致人體傷害或財產上之損失。

〔9〕 高岩，〈美國的保護顧客運動〉，《今日經濟》，第五十五期，民國六十一年三月，頁22。

第二章

房地產之消費關係

就房地產之使用、消耗而言，如果是使用者，消耗者自行建造，表面上看起來並沒有發生消費或消費問題，實質上並非如此。縱使是自己建造房屋，因購買建材、委託建築設計、委託辦理產權登記……等，都不免發生消費問題。

而預售房屋所產生的消費問題（消費爭議）是房地產交易糾紛的最大宗。因此，在人人皆可能成為預售房屋消費者之前提下，如何讓預售房屋消費者享有消費「安全之權利」、「資訊之權利」、「選擇之權利」、「被重視之權利」、「方便救濟之權利」，是很重要的目標。

第一節　消保法與預售屋有關之條文

「消保法」第十一條、第十二條、第十三條、第十四條、第十五條、第十六條、第十七條為與預售屋有關之條文，其內容如下：

第十一條（定型化契約之訂定及解釋原則）

企業經營者在定型化契約中所用之條款，應本平等互惠之原則。定型化契約條款如有疑議時，應為有利於消費者之解釋。

第十二條（定型化契約違反誠信原則之效力）

定型化契約中之條款違反誠信原則，對消費

者顯失公平者，無效。定型化契約中條款有
下列情形之一者，推定其顯失公平：

1.違反平等互惠原則者。

2.條款與其所排除不予適用之任意規定之立法
　意旨顯相矛盾者。

3.契約之主要權利或義務，因受條款之限制，
　致契約之目的難以達成者。

第十三條 （契約一般條款之明示）

契約之一般條款未記載於定型化契約中者，
企業經營者應向消費者明示其內容；明示其
內容顯有困難者，應以顯著之方式，公告其
內容，並經消費者同意受其拘束者，該條款
即為契約之內容。前項情形，企業經營者經
消費者請求，應給予契約一般條款之影本或
將該影本附為該契約之附件。

第十四條 （一般條款之排除）

契約之一般條款未經記載於定型化契約中而
依正常情形顯非消費者所得預見者，該條款
不構成契約之內容。

第十五條 （一般條款不得牴觸非一般條款）

定型化契約中之一般條款牴觸非一般條款之
約定者，其牴觸部分無效。

第十六條（一般條款全部或一部無效之效力）

定型化契約中之一般條款，全部或一部無效或不構成契約內容之一部者，除去該部分，契約亦可成立者，該契約之其他部分，仍為有效。但對當事人之一方顯失公平者，該契約全部無效。

第十七條（主管機關對定型化契約之控制）

中央主管機關得選擇特定行業，公告規定其定型化契約應記載或不得記載之事項。違反前項公告之定型化契約之一般條款無效。該定型化契約之效力依前條規定定之。企業經營使用定型化契約者，主管機關得隨時派員查核。

第二節　對契約內容應注意處

1. 建商銷售時的廣告傳單、海報應予以保存，其上所標示面積、格局、方向、坐落如與完工後實物不符，可作為主張權益的證據方法。

2. 建商有無給予承購戶五天以上的契約審閱權。

3. 「律師見證」、「履約保證」、「法院公證」、「銀行保證」意義應予以釐清。

4. 土地坐落地號、使用分區、建造執照是否已核發，應予以查明。

5. 建造執照上的施工圖與廣告傳單、海報或契約附件的平面圖標示是否相符。

6. 契約書係房地一體或公開訂定，此涉及面積坪數不足，究以房地、房屋或土地平均單價計算互為找補。

7. 房屋平面圖各部分面積應標明尺寸，且作為契約附件。

8. 開工完工日期宜明確，應以日曆天而非工作天計算。

9. 土地何時移轉應明定，切莫約定依建商通知隨時移轉。

10. 屋頂平台、法定空地、地下室停車位使用權的約定。

11. 戶外水電設置費用何人負擔？

12. 保有中途換約的選擇權。

13. 變更設計時有告知義務的約定。

14. 保固期間宜自交屋而非通知交屋或領取使用執照日起算。

15. 自行選定貸款銀行的約定。

16. 使用建材應以正字標記而非同級品字樣。

17. 契約糾紛究以何地方法院為合意管轄法院，或是否以交付仲裁方式處理。

18.停車位究有無獨立權狀或僅有使用權,屬於法定、增設或獎勵停車位,停車位長寬度有無符合法令規定,建商是否超賣停車位。[1]

　　爲減少購買預售房地不可預期的風險,避免日後糾紛之發生,最重要的莫過於購屋者於訂定買賣契約時,除應仔細研究契約條款內容外,對於建商的資力也應詳加調查,並請求建商提出建造執照、土地登記謄本、地籍圖謄本、土地使用分區證明等相關文件,以避免日後發生因建商資力不足無力完成建築,致購屋者權益不保的情形。

　　又預售屋買賣契約書範本第十七條「保固期限及範圍」,訂明賣方並針對結構部分負責保固十五年,固定設備部分負責保固一年,賣方並應於交屋時出具房屋保固服務記錄卡予買方作爲憑證,以及第二十二條的違約處罰等,都是在保障消費者權益。定型化契約 [2] 範本即是提供不懂法律的一般民眾能以此對照保障利益,以免因無知或疏忽而白白損失。

　　有關於定型化契約之限制,以德國於一九七七年四月一日正式施行之「一般契約條款規制法」(Gesetz zur Regelung des Rechts der Allgemei-nen Geschaftsbeding-ungen),簡稱「一般契約條款法」(AGB-Gesetz) 最優 [3]。

　　本法共設五章計有三十個條文,體例完整,內容詳

盡,具體可行,堪稱為法制史上最具規模,專為一般契約條款而制定的立法例。其中第一條至第九條係一般規定,第十、十一條為個別條款控制之規定,而關於契約免責條款之限制,亦有詳盡明文,於討論消費者保護之私法規範,甚具參考價值。茲節錄如下:

第一條(定義)

稱一般契約條款者,謂契約當事人之一方為不特定多數相對人所制定,而於締約時提出之契約條款,不論其條款係獨立於契約之外,為契約之一部分,抑印載於契約書之上,亦不論其範圍、字體或契約之方式如何,均屬之。

第二條(納入契約)

於下列情形,一般契約條款始成為契約之一部:

1. 條款利用者於訂約時明白明示其條款,或由於締約之方法致明示有相當困難時,將一般契約條款懸掛於訂約所在,得清晰可見之處且指明者。

2. 使相對人在可得期待之程度內能明瞭其內容,相對人對其效力同意者。

第三條 （異常條款）

一般契約條款之條文，依客觀情形，尤其是契約外觀衡量之，顯示異於尋常，以致相對人必不考慮接受者，不能成為契約的一部分。

第五條 （不明確條款）

一般契約條款之內容有疑義時，條款利用者承受其不利益。

第六條 （不能納入契約及無效條款之效力）

一般契約條款之全部或一部條文不能成為契約之一部或無效者，契約仍然有效。

第九條 （一般規定）

違反誠實信用原則之條款無效。

條款違反誠信原則與否有疑義時，以下列標準定之：

1.與基本法理不能相容者。

2.依契約之本旨應發生之重要權利義務受到限制，以致契約目的有不能達成之虞者。

第十條 （相對無效條款）

以下條款無效：

1.條款利用者對要約之承諾或拒絕，保留過長

或不確定期限者，對給付期限之保留過長或不確定期限者亦然。

2.規定條款利用者不必有正當理由，亦不必有契約內規定理由，得任意解除契約者。

3.規定條款利用者得更改其給付或不為給付者。

4.規定相對人為或不為某行為即視為已有意思表示或無意思表示者。但以下情形不在此限：

（1）酌留相當期間使相對人能明白表示其意思者。

（2）條款利用者負有義務在上述期間開始時，向相對人說明其為或不為某行為之效力者。

5.規定條款利用者之意思表示有特殊意義時，視為其意思表示已到達於相對人者。

6.規定條款利用者在相對人解除或終止契約時有下列權利者：

（1）得要求賠償對物或權利或已交付之使用收益對價，其賠償額過高者。

（2）得要求費用之償還，其金額過高者。

第十一條 （絕對無效條款）

以下條款無效（絕對無效）：

1. 對物或給付之對價為漲價之規定，而其給付在訂約後四個月內始應提出者。

2. 規定：排除或限制相對人同時履行抗辯權或基於同一契約關係所生之留置權，尤其規定瑕疵之認定應由條款利用者一方為之者為然。

3. 禁止相對人以無爭執或經判決確定之債權對條款利用者之債權為抵銷之規定。

4. 規定免除條款利用者對相對人為催告或酌定展限期間之義務者。

5. 有以下情形時，條款利用者所規定之預設最高損害賠償額或價值減損賠償請求權：

   （1）其金額超過通常情形依事物常理所能設想之損害或價值之減損。

   （2）禁止相對人證明損害或價值減損根本不發生或遠較預設賠償額為低。

6. 規定相對人不受領給付或受領遲延或遲延付款或解除契約時，應向條款利用者支付違約金者。

7. 規定排除或限制條款利用者，因重大過失，或因其法定代理人或債務履行輔助人之故意或重大過失而違約時之責任者。其責任包括締約過失責任。

8.規定因可歸責於條款利用者之事由，致其給
　付遲延或陷於不能時，得：

（1）排除或限制相對人之解除權。

（2）排除或違反本條第七款之規定而限制相
　　　對人之損害賠償請求權。

9.規定條款利用者給付一部遲延或因可歸責於
　己之事由一部不能時，縱然剩餘部分給付之
　履行對相對人無利益，亦不得主張全部不履
　行之損害賠償，或對給付全部行使解除權。

10.於以新產品之給付為標的之契約時規定：

（1）排除對條款利用者所得主張之全部或
　　　一部瑕疵擔保請求權，包括瑕疵修補
　　　或另給付無瑕疵物之請求權，限制對
　　　第三人請求或以先對第三人訴請為條
　　　件者。

（2）限制對條款利用者所得主張之全部或
　　　一部瑕疵擔保請求權，包括瑕疵修補
　　　或另為無瑕疵物之給付請求權。

（3）規定免除或限制負瑕疵擔保義務之條
　　　款利用者負擔為修補瑕疵所必要之費
　　　用，特別是運送、道路通行、工資、
　　　材料費用等。

（4）規定條款利用者之修補瑕疵或另給付

無瑕疵物，係以相對人預付全部對價

或預付與瑕疵相較之下，顯不相當之

對價之一部為條件者。

（5）規定相對人應對隱密之瑕疵通知期限

短於法定瑕疵擔保請求權消滅時效期

間。

（6）縮短法定瑕疵擔保期間。

11.排除或限制條款利用者依「民法」第四六

三條、四○八條第二項、六三五條所規定

買賣、承攬或製造物買賣契約關係中，有

關不具備保證品質時之損害賠償請求權。

12.在以條款利用者定期給付物品、勞務或承

攬工作為標的之契約關係中：

（1）限定相對人受契約關係拘束期間超過

兩年。

（2）限定相對人默示延長受契約關係拘束

期間超過一年。

（3）規定相對人於契約屆滿或默示延長之

契約期限屆滿前為終止契約之通知，

其期限超過三個月。

13.規定使舉證責任轉換為相對人負擔，尤其

在：

（1）原屬於條款利用者應負舉證責任範圍

內之事項。

（2）使相對人對特定事實為證明。

本項規定對於另以書面簽章之收據不

適用。

14.規定對條款利用者或第三人為通知或表示

時，須踐行書面以外之方式或另備特殊要

件始為意思到達者。

由上述規定，足見AGB-Gesetz並非要廢止或預防性
地控制一般契約條款，而是在防止其濫用，亦即一方面
規定在何種情形下，一般契約條款全體得訂入契約當
中，另一方面則對該條款之個別不合理條文絕對否定其
效力，或由法官衡量具體情形評價其效力。如此，既能
顧及一般契約條款之經濟發展需要性，又能保障消費者
權益不受不當的剝削。

第三節　消保法對不動產業的影響

「消保法」對不動產業的主要影響有二，一是「無過
失責任主義」，二是「定型化契約」。

一、消保法對民法的衝擊

「消保法」既是「民法」的特別法，對於「民法」的傳統觀念產生了三大衝擊：

（一）從過失責任主義到無過失責任主義

目前的「消保法」只限定在某一範圍內要求有關的商品製造商或服務的提供者，必須確保商品及服務無安全或衛生方面的危險存在，就該部分負起無過失責任[4]。

無過失責任之適用範圍，只是針對買賣標的物在有關之設計、製造上，如果因衛生、安全的危險導致遭受損害時，則二者間由於因果關係的存在，被害人就可以請求損害賠償，且縱使建商可以舉證證明自己是無過失，最多也只能向法院請求減少賠償而已，並不能免責。

（二）由契約自由原則到對於定型化契約之控制

原來在法律上當事人是可以自由約定契約內容的，但隨著消費大量化之後，為了交易上之方便，因此有了「定型化契約」。它是由一方當事人進行安排，而後將此契約內容作為與不特定之多數人約束雙方交易條件之內容[5]。

定型化契約控制的手段可歸納爲：1.業者自律；2.行政控制，如由行政機關審核契約內容；3.司法控制，運用法院的裁判將不公平的條款[6]判定無效；4.立法控制，在「消保法」中訂定約束定型化契約之規定。

（三）廣告由「要約引誘」到成為契約之內容

預售的買是屬於「契約」，契約的構成包括「要約」及「承諾」，即雙方當事人意思表示合致而使契約成立。「廣告」在傳統的「民法」上爲「要約之引誘」，因此，廣告不是要約，也不是承諾，故不能作爲契約內容的一部分，買受人不得以廣告之內容要求出賣人履行廣告義務，除非雙方明白約定廣告列入契約內容之中。但現在「消保法」中，則有特別規定「消費資訊的規範」。據「消保法」第二十二條規定，企業經營者應確保廣告內容之眞實，其對消費者所負之義務不得低於廣告之內容，此爲「廣告內容眞實的擔保」。因而一旦作爲廣告內容時，縱使有註明廣告僅供參考，但由於「消保法」第二十二條爲「民法」的特別法，因此消費者可直接依照此條規定，要求出賣人履行廣告內容[7]。

二、消保法與建築業之關係

建築物的預售最大特色在於，按照工程進度給付款

項或按照預定日期給付款項。預售買賣雖是按照工程進度分期給付款項，但並不是「消保法」所規定特種買賣中的「分期付款買賣」。因為「消保法」第二條第十款規定，分期付款：指買賣契約約定消費者支付頭期款，餘款分期支付，而企業經營者於收受頭期款時，交付標的物予消費者之交易形態。台灣目前的預售屋交易形態，都還是處於房屋尚在興建中[8]。

再談建築業與廣告之關係：

「消保法」第二十二條規定，企業經營者應確保廣告內容之真實，其對消費者所負之義務不得低於廣告之內容。而廣告內容的真實並不是空泛的，而是針對交易的主要內容來作主張。

交易的重要內容有下列項目：1.不動產所在地；2.建築面積；3.樓層；4.地目；5.建築基地的排水、供水、相關設施；6.完工日期、費用的負擔；7.飲用水與瓦斯的供給設施及有關之種類；8.容積率、建蔽率、用途上之限制；9.建築物附近之設施，例如：學校、機關……；10.金融機構有關融資的成數、期間、額度、利率；11.交通的利用。

如果上述項目出現在廣告內容中，則消費者可以以這些內容要求建商負起契約之責任，不因它在廣告中強調僅供參考，而可不負起責任。

第四節　案例介紹

【案例一】請求建商出具非海砂屋保證書，有無法律依據？買到海砂屋，怎麼辦？

　　出賣人的瑕疵擔保責任既是法律所規定，縱未出具「保證書」也難解其責，因此要求建商出具非海砂屋的保證書，法律上固乏所據，然建商本應擔保其出售的房屋非海砂屋，承購戶如果非要有保證之書面不可時，則可與建商協議，以自身的締約能力與建商於契約中約定其應出具此保證書。

　　依照「消保法」第七條的規定：「從事設計、生產、製造商品或提供服務之企業經營者，應確保其提供之商品或服務，無安全或衛生上之危險。」如有違反致生損害於消費者或第三人時，應負連帶責任。因此，買到海砂屋的承購戶依「消保法」之規定，除了建商應負其責外，營造商、預拌混凝廠、代銷公司均應連帶負責。而消費者依「消保法」的規定提出消費訴訟，因企業經營者的故意所致之損害，消費者得請求損害額三倍以下懲罰性賠償金，因過失所致之損害，則可請求損害額一倍以下的懲罰性賠償。

【案例二】買預售屋時，應注意之事項。

　　若預售屋較多，建商如期開工，可能利用土地，盡早辦理抵押貸款，再將土地移轉於預購戶，以「節省」土地增值稅及地價稅。其後，若建商倒閉逃匿[9]，銀行有土地設定抵押權，營造商有房屋法定抵押權，消費者則難以獲得保障。解決之途徑，只能結合貸款銀行與營造廠商協議，找出建商，變更「起造人」繼續建造，以迄完成。

　　面對建商之銷售實務，消費者可採取下列保護措施[10]：

1. 保留廣告傳單，以為主張權利之依據：依「消保法」第二十二條規定，企業經營者應確保廣告內容之真實，其對消費者所負之義務不得低於廣告之內容。查看資料，土地與所有人簽約，房屋與起造人簽約。
2. 要求建商提供訂戶名單及通訊電話地址，及早成立「管理委員會」，以督促建商依圖施工，避免偷工減料，預防海砂屋、輻射屋，並點交公共設施。
3. 查閱比對申請建照之設計圖（施工圖）及申請使用執照之成果圖（竣工圖），以避免建商私自變更設計。
4. 查閱合約，要求土地及房屋於點交使用後，一併

移轉，以避免過早移轉，由消費者負擔利息及稅金。

5. 及早通知貸款銀行，撤銷（或保留）委託撥款權，以掌握談判籌碼。

【案例三】購屋後對起造人缺乏信心（提供單位：嘉義縣政府）

（一）案例概述

　　王女士於八十四年三月十八日向某建設公司購買位於嘉義縣民雄鄉之○○翰林苑套房，因申訴人發現該公司與其委任之廣告公司及合約見證律師間有金錢糾紛，且該公司未依合約期間規定，一直催繳款項，以及其所登之廣告與實際情形亦有不符等原因，懷疑該公司誠信，且擔心受騙，乃向嘉義縣政府申訴，盼該公司能退款。

（二）處理方法與經過

　　嘉義縣政府消費者服務中心接獲消費者之申訴後，即數度去電該建設公司查詢相關事宜，並於八十四年十月六日函邀兩造在消費者服務中心召開協調會。

（三）處理結果

　　雙方當事人於八十五年七月十二日達成和解，該公

司退還簽約金二萬九千五百元給消費者。

（四）建議

1. 消費者遇到消費爭議時，應保存有利於自己之事證，先行向業主據理力爭。
2. 企業經營者在面對消費爭議時，亦應本著永續經營及以客為尊的理念，盡量以雙方均能接受之方式妥適解決，以免涉訟。

【案例四】建物未依廣告內容興建（提供單位：台中市政府）。

（一）案例概述

張先生等數人於三年前向某建設公司訂購店面一戶，準備經營餐飲生意，但交屋時發現所訂購之店面寬度較原先廣告減少五、六公尺。此外，建商為節省成本，簡化大樓外角柱裝飾，且在頂樓陽台加蓋大型違建。經多次協調未果，建商均敷衍推諉，遂向台中市政府消費者服務中心提出申訴。

（二）處理方法與經過

台中市政府消費者服務中心深入瞭解之後，認為建商有違反「消費者保護法」第二十二條規定「企業經營

者應確保廣告內容之真實，其對消費者所負之義務不得低於廣告之內容」之嫌，惟因該公司財務困難、負責人不易聯絡，本案雖應申訴人要求移送南區區公所調解委員會作消費調解，但亦無法達成調解。

（三）處理結果

請消費者逕向司法機關提起消費訴訟。

> 【案例五】預購房屋後要求退訂（提供單位：台南市政府）。

（一）案例概述

周先生於八十五年二月對某建設公司興建的「○○健康城」至為中意，在售屋小姐的推薦下，便於二月十三日先付給建設公司十三萬元訂金。

但訂約後，周先生基於下列三點理由，要求建設公司退訂：

1. 列出十九項建設公司無法在簽約前改善之房屋缺失。
2. 建物面對污水處理廠。
3. 將來支付購屋款項有調度困難。

惟建設公司以「房屋訂金收據」上已寫明「應於二月

十五日下午五時前辦理簽約手續，逾時即以自動放棄論，所繳訂金全數沒收，所訂房屋即由賣方處理，絕無異議」為由，回覆周先生「須等該公司另外找到買主，才可退回訂金」。周先生認為收據所訂條文有失公平交易原則，於三月九日向台南市政府消費者服務中心申訴，要求扣除二萬元做建設公司廣告及人事費，其餘十一萬元應退還。

（二）處理方法與經過

1. 台南市政府消費者服務中心接獲本案後，即於三月十一日發函企業經營者轉達周先生欲退款一事，並以電話與該公司張課長聯繫，告知周先生所面臨之困難，及願配合方式，張課長則很願意直接與周先生解決。

2. 經服務中心於四月一日與周先生聯繫，周先生告知服務中心，並感謝中心之熱誠與居間協助，使得業者願意退還十萬元訂金，僅扣除三萬元。

（三）處理結果

經台南市政府消費者服務中心不斷居間協調，當事人雙方各退讓一步，本案至此圓滿解決。

（四）建議

由於台南市政府「消費爭議調解委員會」及「消費者保護官」未能即時設立，而消費者服務中心並非仲裁機

構，協調亦不具強制性，故在處理消費申訴時，只能根據實際情況，居間協調、充當和事老，使爭議減至最低。

【案例六】預購房屋遭拍賣（提供單位：高雄市政府）。

（一）案例概述

　　楊先生向台中某建設公司訂購房屋一幢及地下室停車位一格，於繳交自備款一百五十六萬元後，因停車位、房屋契稅等問題，遲未辦理交屋。但該屋之銀行貸款一百九十五萬元在楊先生未被告知的狀況下，即撥交建設公司。楊先生認為既未交屋進住，即無須負擔貨款利息，不料卻收到台中地方法院民事裁定拍賣該房屋之通知，楊先生認為其權益受損，乃向高雄市政府消費者服務中心提出申訴。

（二）處理方法與經過

　　1.本案雖消費行為發生地、買賣標的物均在台中（縣）政府，惟為顧及楊先生之權益，除建議楊先生先至銀行繳清貨款及滯納金等費用，於取得清償證明後，再向台中地院塗銷拍賣之裁定外，並由高雄市政府建設局函請企業經營者就該房屋之停車位產權爭議及契稅差額部分提出說明，同時副知台中（縣）政府消費者服務中心。

2. 依據業者函覆所檢附楊先生購買之停車位之所有權狀及契約收據影本，楊先生購買之停車位，業者確實已辦妥產權登記，且停車位契稅係依坪數平均分攤，應該非常合理。經再與建設公司電話聯繫，據表示：該標的物所有住戶除楊生先外，已全部交屋，該公司亦曾當面向楊先生數次解釋，但楊先生置之不理，又拒絕辦理交屋手續，且該房屋目前仍是空屋狀況，楊先生隨時都可以進住，根本無須再辦理交屋手續。

（三）本案企業經營者似無不履約之情事，經告知申訴人後結案。

（四）建議

1. 消費者應依「消費者保護法施行細則」第十一條規定，主動要求業者使用內政部預售屋買賣定型化契約書範本之條款，並在合約中載明應遵守之事項，以杜絕不必要之糾紛。

2. 依據內政部之範本，委刻印章同意書之規定，如經消費者對保、房地產權移轉登記後，核貸之銀行即可將房屋貸款直接轉入業者之帳戶，故遇有交屋爭議時，消費者千萬不可置之不理，並參考該範本第十四條規定，爭取業者同意一定數額之交屋保留款後，即辦理點交事宜。

註釋

〔1〕 李永然律師策劃，謝心味律師主編，《突破預售屋買賣陷阱》，民國八十六年六月，頁21～22。

〔2〕 行政院公布了二十項定型化契約範本，提供消費者主動保障權益，消費者在簽約和消費前，可要求業者依此範本簽約，若有違約，可依法提出申訴。

〔3〕 劉春堂，〈一般契約條款之解釋〉，《法學叢刊》，第九十期，頁81。

〔4〕 「消保法」第七條規定，從事設計、生產、製造商品或提供服務之企業經營者，應確保其提供之產品或服務無安全或衛生上之危險。

〔5〕 它最大的爭議是使得對造當事人缺乏商議條款內容的機會，或是對方根本欠缺商議條款的能力。見馮震宇，〈消保法教戰手冊〉，《法律與你》，永然，民國八十三年四月，頁85。

〔6〕 違反誠信原則。

〔7〕 法律有不溯既往原則，因此廣告假使在民國八十三年一月十三日之前刊登，則消費者就不能以過去所推出之廣告，要求業者履行廣告內容。

〔8〕 所以這個條文是指一般的冰箱、汽車、電視機……等的分期付款買賣。

〔9〕 筆者買新竹縣新豐鄉埔頂村之房子，曾碰到建商房子蓋至一半逃跑之事，後成立住戶自救委員會完成房屋之建築。

〔10〕 尹章華，《消費者保護法與你》，永然，民國八十八年六月，頁142～143。

第三章

醫療保健業之消費關係

第一節　大陸之立法例、歐美國家之立法例

　　目前，對於服務業採取無過失責任的國家只有少數，例如大陸的「消費者權益保護法」第七條就有類似「消保法」第七條之規定。即「消費者在購買、使用商品和接受服務時享有人身、財產安全不受損害的權利」。該法並在第十六條規定，經營者應當保證其提供的商品或者服務符合保障人身、財產安全之要求。

　　在歐美國家方面，歐市執委會於一九九〇年十二月所通過的「瑕疵服務責任指令草案」（Proposed Directive on Liability for Defective Services）中指出，該指令草案原本欲就瑕疵服務所造成之損害，與歐市產品責任指令相同，採取無過失責任制度，但是考慮在大多數會員國中，除在某些特殊行業外，仍以提供服務之企業經營者有過失為前提，若驟然改採無過失責任，必會造成極大反彈。因此，採取舉證責任倒置之規定。

　　根據此一原則，受損害之消費者不須就提供服務之企業經營者之故意過失負舉證責任，而由提供服務之企業經營者就其服務並無故意過失加以證明。

第二節　消保法對服務業之定義

　　由於「消保法」並未對服務加以任何定義，也未做任何限制，所以只要是以提供服務爲營業者，均爲「消保法」所規範之企業經營者。故不但與商品有關的服務業[1]要根據「消保法」負起責任，其他與商品無關之服務業[2]，都將會根據「消保法」之規定，對其所提供服務之危險負起責任。

　　根據「消保法」的規定，只要有消費行爲發生，不論是提供商品或是服務的企業經營者，都受到「消保法」的管轄。只要消費者與提供商品或服務的企業經營者，就商品交易、使用或接受服務發生的法律關係，就是屬於消費關係，也就受到「消保法」之管轄，醫療服務自不例外。

　　目前醫療服務業所可能面臨的「消保法」衝擊，可以具體表現在醫療行爲是否也負無過失責任、醫療機構的定型化契約、醫療機構或個人之廣告，以及醫藥品與醫療器材之使用等方面。

第三節　消保法對醫療保健業的影響

一、對無過失責任之因應

　　原則上，醫療機構若要負擔無過失責任；仍然是以醫療機構的行為與損害之間有相當之因果關係為前提，所以，醫療機構應加強對於醫護人員之訓練，並盡量保存完整之醫療記錄資料[3]。如果從記錄中發現醫護人員有過失，則醫療機構可根據「民法」第一八八條規定，向醫護人員求償。醫療機構也須與藥品供應商、醫療用品供應商訂立明確的契約，規定如果損害之發生是由於此等供應商之產品或服務所致者，應該由其負責處理，若有損害，也應由供應商賠償醫療機構的損失。

　　其次，醫療機構應切實履行警告標示之要求。例如，在醫院或診所明顯處標示可能的危險，如火警警告標示與逃生方向，在病房中標示緊急求救的標示等等，以符合「消保法」之規定。醫療機構也應在取藥處以及藥袋上，分別依據「消保法」之要求作警告標示以及緊急處理危險的方法[4]。如果符合了「消保法」之警告標示要求仍發生損害，例如病人的家屬吃了病人的藥後受

到傷害，醫療機構至少可減輕責任。

二、如何因應定型化契約之規定

　　醫療機構所用之契約多半是定型化契約。據「消保法」，定型化契約條款如有疑義時，應爲有利於消費者之解釋。定型化契約中之條款若違反誠信原則，對消費者顯失公平者，無效。因此，醫療機構首先應主動就契約條款的規定加以檢討，以避免契約中有顯失公平的條款，而使契約發生無效之事[5]。

　　如果醫療機構能先將手術或是所服用的可能危險告知病人或其家屬，或載於契約中，並由病人或家屬於充分資訊所作之選擇（informed choice），則將可避免「消保法」對於定型化契約之規定。因爲基於雙方同意後在手術同意書所另行寫下的部分，就是「非一般條款」，可以受「消保法」的規範。對於其他的一般性約款，例如住院保證金、出院手續等無法在醫療契約中記載的，就可以用張貼公告的方式來表示。

　　醫療機構也應注意中央主管機關對醫療機構所使用的定型化契約，有無特別規定應記載或不得記載之事項，並配合修改，也要注意法院與主管機關日後對醫療機構應如何負責之決定。

三、如何因應消保法對廣告與保證之規定

受廣告規定影響較大的是一般中小型診所。這些靠登廣告招攬病人的醫療機構依據「消保法」，必須確保廣告內容之眞實，其對消費者所負之義務不得低於廣告之內容。建議這些醫療機構，應避免出現「保證」或是「包醫」等字樣。因爲若有「保證」的情形，依「消保法」之規定必須主動出據書面保證，違反者，經主管機關通知而逾期改正者，就可能遭到罰款。

此外，醫療機構也必須瞭解，「消保法」只是規範醫療服務的一種法律而已。除了「消保法」外，醫療機構仍然受到其他醫事法規的規範[6]。

第四節　案例介紹

【案例一】回歸水生水機誇大療效（提供單位：新竹市政府）。

（一）案例概述

陳先生於八十三年九月間買了一台回歸水生水機，

當時銷售人員極力推薦生飲，且鼓吹早晨之第一杯水具有防癌、活化生理機能多項功能。因此，陳太太每天第一杯水就拿給子女飲用。在一個偶然的機會裡，陳先生認為既然這過濾水功效如此宏大，是否應化驗一番，以增加其可信度。便將一份樣品送到氰胺公司的生化實驗室化驗，結果讓他大吃一驚，原來化驗結果，水中竟含有致癌的亞硝酸鹽氮。陳先生立即聯絡銷售公司請求處理，公司派了一個翁先生前來處理，並告知應由環保局檢驗較具公信力，於是陳先生再度送樣本至新竹縣、市環保局要求化驗，八十四年一月二十四日拿到環保局之檢驗結果，更加確定含亞硝酸鹽氮，且其生菌數亦超過標準。陳先生於是向公司要求合理處置。

銷售公司為慎重起見，又會同陳先生再次取樣送交工研院化工所檢驗，結果仍有微量之亞硝酸鹽氮（0.061毫克／公升）。原以為銷售公司會因此結果而為妥善之處理，豈料該公司反寄來存證信函，列舉該公司抽驗其他消費者使用水之水樣，送交台大慶齡工業研究中心、中國醫藥學院環境醫學研究中心檢驗，均無問題。而日本等國使用十年以上亦未有任何問題。而陳先生之機器，該公司亦已同意原價收回，請陳先生退回機器，莫再追究。至此，陳先生認為業者並無誠意對所有消費者之生命、健康負起應負之責，便轉而向新竹市政府消費者服務中心提出申訴。

（二）**處理方法與經過**

1. 新竹市政府消費者服務中心於接獲申訴案件後，因雙方檢附之檢驗報告詳細，便將全案轉請府內之環保、衛生單位處理。上述單位則稱因法令所限，非其權責業務。

2. 新竹市政府消費者服務中心遂再將全案轉請經濟部商品檢驗局處理，八十四年七月十一日商品檢驗局回函，亦稱該商品非屬應施檢驗商品，無從處理。

3. 至此，服務中心只好於八十四年七月十七日將全案再移送行政院消費者保護委員會，請示處理方式。

4. 案經行政院消費者保護委員會於八十四年七月二十六日轉請經濟部、衛生署、環保署等單位處理，各單位依然以非主管法令所能處理，要求消費者自行依民事途徑解決。

5. 行政院消費者保護委員會於是再於八十四年九月二十六日召集各相關單位及學者專家研商，經決議由行政院環保署負責處理此案。

6. 行政院環保署於八十四年十一月一日邀集學者專家、相關政府單位、業者及消費者等，再就案情詳加討論。並指出因「飲用水管理條例」尚未修

正，故亞硝酸鹽氮的國家標準尚未統一。不過，以修正之草案內容，再參酌現行之科技水準，及目前北、高兩市之飲用水標準，決議以0.1ppm為標準。會中並決議由業者再行提供水樣供工業技術研究院化學工業研究所化驗，費用由該公司負擔。

7. 會後業者以律師函辯稱：該公司既已採樣送交國內多所研究機構化驗，環保署於採證上多未採認，且化驗費用達數十萬元，公司不願負擔，而推翻前項決議案。

8. 環保署於是在八十四年十二月六日再召開會議，會中決議由行政院環保署所屬之檢驗所辦理化驗事宜。

9. 八十五年一月五日環保署再召開會議說明檢驗結果，依原決議標準0.1ppm，各檢驗水樣並未超過該標準，事件至此告一段落。

（三）處理結果

1. 業者所銷售之回歸水生水機過濾之水質，亞硝酸鹽氮含量並未超過原決議標準0.1ppm。

2. 涉及廣告不實部分，新竹市政府另行轉送行政院公平交易委員會調查。

（四）建議

1. 行政單位之相關法令完全適用，但仍應配合「消費者保護法」盡量處理。

2. 消費者常惑於廠商之廣告，而衝動地購買某些產品。消費者若未在消費前對產品之性質、成分多方請教，詳予求證，極易陷入廣告的迷思，而多花金錢。建議各單位應加強消費者教育，使消費者建立正確之消費者自覺。

3. 廠商在推銷商品時，對於本身產品所應負的法律責任，應有所認識，避免廣告誇大、宣稱療效等觸法情事。且遇有消費糾紛時，應積極妥適、快速處理，以維公司信譽。

【案例二】美容護膚糾紛（提供單位：新竹市政府）。

（一）案例概述

徐先生於八十五年一月十八日陪同學赴某護膚中心作臉部護膚保養時，等候期間，店方人員遊說其也試看看，禁不起對方的勸說，徐先生答應作一次臉。之後，中心主任又遊說徐先生加入會員，並索費一萬零八百元。徐先生在對方花言巧語的引誘下，一時心軟，便請其學長代為刷卡付費。次日晚上六時多，徐先生接到護

膚中心人員電話後，便再度於八點許前往作臉，由於事前未先填妥所需費用，致結帳時，該護膚中心要求徐先生付款四萬六千多元。雖徐先生表示無法接受該中心之漫天開價作法，但在當時情況下，不得不簽下折價後的三萬四千元本票，該中心才放他離開。徐先生擔心本票之法律責任，乃於八十五年三月二十六日向新竹市政府消費者服務中心提出書面申訴，希望協助取回簽發之本票。

（二）處理方法與經過

　　新竹市政府消費者服務中心接獲申訴後，即移請衛生局處理。衛生局派員至現場瞭解後，認為該護膚中心之產品、設備等，並未違反衛生法規之相關規定。消費者服務中心即主動以電話與該護膚中心人員聯絡，店方稱需要與桃園總店接洽，經於十月十日向總店之張經理接洽力爭後，張經理同意退還徐先生簽發之本票。

（三）處理結果

　　新竹市政府消費者服務中心再於八十五年六月十三日電洽徐先生，徐先生稱已於六月初取到該護膚中心退還本票。

（四）建議

1. 消費者面對廠商之強力推銷時，應明察秋毫，不要一時心軟，以免事後再後悔時，常已深陷其中。

2. 廠商在追求業績之餘，對銷售人員之在職訓練亦不可輕忽，應告誡員工在面對顧客時，應詳細說明產品之品質、機能、價錢及付款方式等，更不可以欺騙或脅迫之方式推銷，誤導消費者之認知。

3. 行政機關在處理相關爭議案件時，應在本身主管法規之外，引用「消費者費保護法」，給予消費者更大的保護。

【案例三】招攬健康檢查糾紛（提供單位：嘉義縣政府）。

（一）案例概述

嘉義市某醫院服務員於八十五年六月八日至賴女士家中，告知賴女士夫婦二人很榮幸，被該醫院抽中為村中唯一兩位獲優待全身健康檢查的對象，全部費用僅需七千九百元，掛號費用三千四百元，服務員並替賴女士夫婦量血壓後，表示其血壓很高，可能隨時有生命危

險，且肝臟也不好，應盡速作健康檢查，以防不測。賴女士信以為真，乃當場預繳了兩人之掛號費用，惟事後回想其身體向來無恙，且血壓一向正常，感覺受騙。隨即至派出所，煩請警員協助退費，經熱心警員電洽該醫院，院方宣稱可以退費，惟賴女士至醫院辦理退費時，院方又表示檢驗設備均已備妥，已無法退費。經多次交涉無效後，乃向嘉義縣政府消費者服務中心申訴。

（二）處理方法與經過

嘉義縣政府消費者服務中心受理本案後，隨即去函嘉義市衛生局與該醫院，請衛生局惠予妥適處理函覆，嘉義市衛生局並對該醫院違規招攬病人，處以新台幣三千六百元罰緩。

（三）處理結果

雙方當事人達成和解，該醫院退還消費者六千八百元。

（四）建議

1.消費者在遇到消費爭議時，應保存有利於自己之事證，先行向業者據理力爭。
2.企業經營者在面對消費爭議時，亦應本著永續經營及以客為尊的理念，盡量以雙方均能接受之方式妥適解決，以免涉訟。

註釋

〔1〕 例如：運輸業、流通業、量販業、百貨業、零售業、餐飲業、進口業等。

〔2〕 例如：金融保險、律師、會計師、旅館業、修理業及醫療服務業。

〔3〕 因為縱使發生死亡之結果，但是若醫療機構可以證明自己並無過失時，「消保法」也規定法院得減輕其賠償責任。見馮震宇、姜志俊、謝穎青、姜炳俊合著，《消費者保護法解讀》，月旦，民國八十七年一月，頁319。

〔4〕 例如未經醫師指示，不得自行服用，或是應置於兒童所無法取得之處，或是有效期間等文字。

〔5〕 例如手術同意書就是會發生爭議的一種定型化契約。

〔6〕 從「消保法」規定「本法未規定者，適用其他法律」可知，例如廣告或保證之內容若「消保法」未規定時，其他醫事法律，如「醫療法」、「藥事法」等法規，仍然有其適用性。見馮震宇、姜志俊、謝穎青、姜炳俊合著，《消費者保護法解讀》，月旦，民國八十七年一月，頁321。

第四章
郵購買賣之消費關係

　　所謂的郵購買賣，就是指企業經營者以郵寄或其他遞送方式，而為商品買賣之交易形態。「消保法」以買賣標的物之交付方式作為判斷是否屬於郵購買賣之標準。因此，「消保法」所規範之郵購買賣業者之範圍，將不限於消費者根據型錄或是電視購物頻道而為的買賣，還包括一切依靠郵寄或是其他遞送方式交付買賣物的業者[1]。

　　特種買賣與一般買賣有何不同？稱「買賣」者，謂當事人約定一方移轉財產權於他方，他方支付價金之契約（「民法」第三四五條第一項）。買賣，可說是現代經濟市場最重要的一種民事法律關係，其成立要件、效力及買賣雙方當事人權利義務關係之調整，「民法」已有一般之規定，同時為顧及特殊的買賣形態，如試驗買賣、貨樣買賣及分期付價買賣、拍賣等，以「特種買賣」專款予以規範。

第一節　郵購買賣與訪問買賣

　　郵購買賣的定義，上已述說。而「訪問買賣」是指企業經營者未經邀約，所在消費者之住居所或其他場所從事銷售，所發生之買賣形態[2]，最常見的訪問買賣即是直銷。

　　由於郵購買賣與訪問買賣之交易，通常是在消費者
無法詳細判斷或思考之情形下，促使消費者購買不合意
或不需要的商品，爲了平衡消費者在購買前，無法獲得
足夠之資料或時間加以選擇或考慮的劣勢地位，「消保
法」一方面規定：「企業經營者爲郵購買賣或訪問買賣
時，應將其買賣之條件，出賣人姓名、名稱、負責人、
事務所或住居所告知買受之消費者」[3]，使消費者瞭解
出賣人相關資訊，能確認企業經營者之所在，並充分瞭
解其交易條件；另一方面規定「猶豫期間」，賦予消費者
判斷是否維持交易之權限，依「消保法」第十九條規
定：「郵購或訪問買賣之消費者，對所收受之商品不願
買受時，得於收受商品後七日內，退回商品或以書面通
知企業經營者解除契約，無須說明理由及負擔任何費用
或價款。郵購或訪問買賣違反前項規定所爲之約定無
效。契約經解除者，企業經營者與消費者間關於回復原
狀之約定，對於消費者較『民法』第二五九條之規定不
利者，無效。」

　　還有一種介於郵購買賣或訪問買賣之間的交易形
態，即所謂「無要約之寄送買賣」，它與郵購買賣都是透
過郵寄或投遞的方式進行之交易形態，所不同的是，郵
購買賣是由消費者向企業經營者爲要約後，企業經營者
始向消費者寄送商品，而無要約之寄送買賣，則是企業
經營者並未經消費者要約，即主動向消費者寄送商品，
是爲「現物要約」，另一方面，無要約之寄送買賣與訪問

買賣都是「不請自來」之交易方式，其區別為前者是以郵寄方式為之，而後者則是企業經營者「登門造訪」藉以推銷商品。

由於無要約之寄送買賣經常會附帶「片面科以消費者作為或不作為義務」之要求，容易給消費者帶來困擾，本來對於這種買賣要約，消費者本不受任何拘束，也不須負擔任何義務，這是當然，但一般消費者未必瞭解，故「消保法」特別予以明定，以除去消費者心理上不必要的壓力，並給予企業經營者一些警示作用。

影響從事訪問買賣的直銷與推銷業最大的，就是「消保法」第十九條所賦予消費者的法定解除權。根據「消保法」第十九條，訪問買賣之消費者，對所收受之商品不願買受時，得於收受商品後七日內，退回商品或以書面通知企業經營者解除買賣契約，無須說明理由及負擔任何費用或價款。而且「消保法」還規定，訪問買賣若違反此種規定，則所為之約定無效。消費者一旦在七天的法定猶豫期間內，行使法定解除權，雙方就必須遵照「民法」有關回復原狀。

訪問買賣業者若要因應這些不利的規定，最好的方法，就是加強售後服務，以確保消費者不會在七天之內通知解約或是退回商品。不過，縱使消費者在七天之內解約，也應提供友善的服務，不能不理不睬。其次，訪問買賣的企業經營者必須與消費者就解約後應如何回復原狀加以規定，並對消費者如何行使此解除權，例如此

七天如何計算，應如何通知或是退回商品，消費者應該向企業經營者之哪一單位為通知或退回商品，如何退還價金等等，明白地加以告知。

另外，由於「消保法」並未禁止訪問買賣業者與消費者就如何回復原狀加以約定。所以業者最好給予消費者的收據或是發票中，依自己行業之特性，參考「民法」第二五九條之規定，將消費者解約或是退回商品時之權利義務定明。

訪問買賣業者也必須滿足「消保法」之其他規定，例如：警告標示、中文說明書等等。如有必要，還必須自行製作相關之文書，以符合「消保法」之要求。如有保證商品或是服務品質之情事，還必須依消保法規定出具保證書。

第二節　分期付款之買賣

「消保法」第二十一條規定：「企業經營者與消費者分期付款買賣契約應以書面為之。前項契約書應載明下列事項：1.頭期款；2.各期價款與其他附加費用合計之總價款與現金交易價格之差額；3.利率。企業經營者未依前項規定記載利率者，其利率按現金交易價格週年利率5％計算。企業經營者違反第二項第一款、第二款之規定者，消費者不負現金交易價格以外之給付義務。」上

述所稱「各期條款」，指含利息之各期價款。分期付款買賣契約書所載利率，應載明其計算方法及依此計算方法而得之利息數額。又分期付款買賣之附加費用，不得併入各期價款計算利息[4]。

分期付款買賣套書應注意之事項：

政府已公布「套書（百科全書等）、語言錄音帶及教學錄影帶買賣定型化契約範本」，消費者購買套書前，可先行瞭解並要求業者簽訂，以保障權益。

1. 契約範本是搜集業界有關之契約範本，將其條款整理分類，並依循「消保法」及其施行細則中關於定型化契約之規定，逐項條改或重擬；其有補充必要者，則另擬定條文，務使契約內容盡量做到公正而周延。其中關於現金買賣與分期付款買賣之重要條文，如買受人受領遲延之法律效果[5]、因不可歸責於雙方當事人之事由致解除契約之效果[6]、著作權擔保責任[7]、出賣人之瑕疵擔保責任及其他擔保約定[8]、出賣人給付遲延[9]等。契約後並附有分期攤還表範本，作為日後業者製作分期攤還表之參考。

2. 本條款多可同時適用分期付款與現金買賣契約，但部分條款是專指分期付款買賣者。

3. 套書（百科全書等）、語言錄音帶或教學錄影帶買賣契約之內容，除涉及定型化契約之約定外，也

　　不乏以郵購或訪問買賣方式爲之者。

4.套書（百科全書等）、語言錄音帶與教學錄影帶之
　買賣，在交易習慣上常常涉及贈品，或套書（百
　科全書等）、教學錄影帶之試閱與語言錄音帶之試
　聽，或他種書籍之替換情形等問題，於此，特於
　本契約範本之特別約定或規定事項欄中加以載
　明。下附契約書範本[10]：

───────── **契約書範本** ─────────

第一條（標的物之名稱、數量、主編、編輯者、出版者、出版
　　　　地、出版時間、版次、裝訂方式、材質及主要使用文字
　　　　等）

品名：

產品代號：

ISBN：

數量：　套共　冊、片

主編：

編輯者：

出版者：

出版地：

出版時間：

版次：

裝訂方式：　精裝　平裝

材質：

用紙： 紙　開

光碟片：

主要使用文字：　文

第二條（價款、付款方式及付款地）

一、總價

每套單價（含營業稅）：新台幣　佰　拾　萬　仟　佰　拾
　　元整

現金交易總價（含營業稅）：新台幣　佰　拾　萬　仟　佰
　　拾　元整

分期付款總價（含營業稅）：新台幣　佰　拾　萬　仟　佰
　　拾　元整

現金交易總價與分期付款總價差價：新台幣　佰　拾　萬　仟
　　佰　拾　元整

二、付款方式

現金：新台幣　佰　拾　萬　仟　佰　拾　元整

信用卡：

發卡機構：

持卡人：

信用卡種類：

有效期間：　年　月　日至　年　月　日

支票：　年　月　日

行庫分行：

帳號：

票號：

郵政劃撥：

帳號：

戶名：

其他：

三、頭期款及分期付款

（一）頭期款

金額：新台幣　佰　拾　萬　仟　佰　拾　元整

付款日：中華民國　年　月　日

（二）分期付款（扣除頭期款以外者）

分期金額：

分期數：

利率及其種類：

每期應付之日期、本金、利息詳如附件：分期攤還表

四、付款地

五、本契約訂定後，當事人均不得以匯率變動、稅捐增減或免
　　除或標的物價格漲跌爲由，請求增減價款或拒絕履行契
　　約。

第四條（所有權保留約款之選擇）

　　本分期付款買賣，買受人未繳清全部價款，前標的物之所
有權仍歸出賣人保有。

　　買受人於取得標的物所有權之前，應以善良管理人之注意
保管標的物。

本分期付款買賣，買賣標的物一經交付者，縱價款尚未完全繳清，標的物之所有權仍歸買受人所有。

第五條（提前清償）

本分期付款買賣，買受人得提前清償，出賣人不得拒絕。

買受人提前清償者，應按攤還表所示之未償還本金給付。出賣人不得以任何名目加收其他金額或費用。

買受人提前清償時，對於尚未全部到期之當月利息，應繳付至提前清償日止之當月利息。

第九條（因不可歸責於雙方當事人之事由致解除契約之效果）

因不可歸責於雙方當事人之事由致解除契約者，買受人所受領之買賣標的物，應返還出賣人；由出賣人所受領之價款及自受領時起按法定利率計算之利息，應返還買受人。但約定利率高於法定利率者，依約定利率計算。

前項後段情形之買賣標的物價款，係以信用卡方式支付者，出賣人應返還買受人之價款。

範圍包含信用卡發卡機構之業已代為給付之全部價款及其二分之一手續費。

第十條（標的物之利益承受與危險負擔）

標的物之利益及危險，除當事人另有約定者外，自交付時起，均由買受人承受負擔。

第三節　案例介紹

【案例一】購買圖書糾紛（提供單位：南投縣政府）。

（一）案例概述

　　南投縣名間鄉蔡先生於民國八十四年八月，經高雄市某圖書公司推銷員之遊說，以分期付款之方式，購買一套價值三萬餘之套書，並預付四千六百餘元之首期款。嗣後蔡先生因故反悔，要求以原付金額換取等值書籍，經該公司拒絕後，蔡先生遂向南投縣政府消費者服務中心申訴。

（二）處理方法與經過

　　南投縣政府消費者服務中心受理本案後，立即與賣方之勸買雙方聯繫，並進行調解。

（三）處理結果

　　經南投縣政府調查結果，該公司同意以原付金額換取等值書籍，本案圓滿解決。

（四）建議

交易之所以達成者，不外乎消費者之需要，賣方之勸買，甚至爲消費者一時之衝動。而後者易因某些因素（如發覺產品不如推銷員所言者、經濟來源不足等）而滋生問題，爲解決爭議，消費者應採用先試閱或試用，滿意再付款之交易方式辦理。而且應在交易契約中言明，如有預收訂金者，宜明定在一定之期限內（約七日內），消費者有權要求退還。故本案雖協調以預收之訂金換取等值產品而告解決，但仍爲權宜、妥協之措施。

【案例二】郵購黃金紀念幣糾紛（提供單位：花蓮縣政府）。

（一）案例概述

花蓮縣劉小朋友於八十五年一月間，依台中某郵購公司在報紙上刊登之廣告，郵購黃金總統紀念幣，卻遲未收到該紀念幣。在與業者協調無結果後，向花蓮縣政府消費者服務中心提出申訴。

（二）處理方法與經過

花蓮縣政府消費者服務中心受理本案後，即去函台中市消費者服務中心，請該中心派員查明。

（三）處理結果

　　本案經台中市消費者服務中心的協助，消費者與業者達成協議，由該公司賠償損失。至於業者涉嫌詐欺部分，由台中市警察局處理，惟因已達成和解，經消費者撤銷告訴後結案。

（四）建議：無。

【案例三】訂閱雜誌糾紛（提供單位：台南縣政府）。

（一）案例概述

　　黃先生與家人共進晚餐之際，有一學生模樣之年輕小姐，自稱是某雜誌社台南區推銷員，黃先生經過該推銷員半小時左右的鼓吹，決定為兩個兒子訂購一年份雜誌，當場簽約並交付一半書款新台幣壹萬元整，推銷員開立一張註記「既已訂閱，恕不退款」字樣之收據給黃先生，黃先生沒仔細看，就將收據放在電視機上。事後，黃先生後悔剛才所做之倉卒決定，遂打電話給該推銷員，表示欲解除契約，並要求退還書款，推銷員告訴他「既已訂閱，恕不退款」。黃先生遂於隔日至台南縣政府消費者服務中心申訴，希望能解除上述訂購之合約，並退還所付之書款。

（二）處理方法與經過

　　台南縣政府消費者服務中心受理申訴時，除告知黃先生可依「消費者保護法」第二條第九款及第十九條第一款規定，要求退貨還款，但務必在收受商品七日內為之。且如主張解除買賣契約時，最好以郵局存證信函，並以雙掛號信件通知企業者，以保留符合法定要件之證據。台南縣政府消費者服務中心並提供相關規定，以供撰寫存證信函之參考，同時於接受申訴表後，即函請該雜誌社依「消保法」之規定處理。

（三）處理結果

　　經依上述程序處理後，黃先生如願解除契約並領回新台幣壹萬元書款。

（四）建議

　　「消費者保護法」有訪問買賣之七日猶豫期間之規定。一般大眾並不甚明瞭，往往訪問買賣超過七天後才提出申訴。故建議請重視消費者教育宣導，將「消保法」編入國中、國小教育課程，從學校教育著手，以落實消保工作。

【案例四】購物頻道產品糾紛（提供單位：台南市政府）。

（一）案例概述

鄭小姐於八十五年四月初，在第四台購物頻道看到某電視購物頻道推銷可預知婦女排卵期的「葵花寶典」廣告，便向該公司門市訂購，該公司於四月三日派外務員將貨品送達鄭小姐家中，並收取二千八百元價款。鄭小姐在拿到產品後，發現該商品為一數位式小型電腦，操作過程複雜，因無法順利操作，於是在第二天上午將商品送還發貨門市，同時要求業者退還貨款。但業者希望保留原付貨款，要求鄭小姐選購其他商品，鄭小姐認為並不需要購買其他商品，仍堅持退還現金，但不被業者接受。鄭小姐乃向消費者文教基金會高屏分會投訴。

消基會高屏分會在接獲鄭小姐投訴後，即與業者聯繫，並要求業者依「消費者保護法」第十九條規定，全數退還鄭小姐所付價款二千八百元。業者雖表示有誠意解決問題，但亦行文要求基於「公道性考量」，請鄭小姐支付二百元送貨費用，消基會接獲業者所提處理方式後，認為與「消保法」規定不符，惟並未將處理情形告知鄭小姐，遂轉請台南市政府消費者服務中心提供協助。

（二）處理方法與經過

台南市政府消費者服務中心接獲消基會函轉之申訴案後，立即與消基會高屏分會聯繫，瞭解未結案原因，並將業者所提處理方式告知鄭小姐，並在獲鄭小姐同意後，與業者聯繫，業者表示將交代門市人員，只要鄭小姐前去取款，隨時會退還二千六百元。

（三）處理結果

鄭小姐原不願親自前去取款，經服務中心多次協商，才前去領款，本案至此圓滿解決。

（四）建議

1. 雖「消保法」第十九條明文規定：「郵購或訪問買賣之消費者，對所收受之商品不願買受時，得於收受商品後七日內，退回商品或以書面通知企業經營者解除買賣契約，無須說明理由及負擔任何費用或價款。」但處理消費爭議之原則，在化解雙方爭議。故服務中心認為，法條雖有規定，亦應權衡實際狀況，彈性處理。

2. 即使「消保法」中定有七日內可退貨之救濟規定，但消費者在訂購商品之前，亦應確實瞭解商品的功能及實用性，以免發生退貨的爭議及困

擾。

> 【案例五】瘦身案例（本案例參考《消費者報導雜誌》，
> 　　　　　　第二四五期，頁64）。

　　某小姐於九十年五月一日至最佳女主角國際美容（股）公司（以下簡稱最佳女主角）彰化店進行瘦身課程，課程中該店店長向該小姐強力推銷乙組價值二萬元的瘦身器材，在未經仔細考慮下，以信用卡刷卡購買。完成交易後，愈想愈後悔，由於沒有看到實際商品，甚至目錄，對商品的功能不清楚，亦感到質疑，擔心受到推銷人員的誤導而購買該商品。由於尚未取得商品，遂於五月三日至該店要求退貨，卻被告知須扣除兩成違約金（四千元），且在半個月後方能答覆處理結果，該小姐深覺不滿，立即電洽消基會諮詢，經義工建議後，立即以存證信函依「消費者保護法」（以下簡稱「消保法」）特種買賣有七日猶豫期，聲明欲解約退款。

探討

　　以上案例依「消保法」規定，特種買賣的消費者，對商品不願買受時，得於收受商品後七日內，退回商品或以書面通知企業經營者解除買賣契約，消費者無須說明理由及負擔任何費用或價款。

　　由於特種買賣時間倉卒、資料有限，或囿於人情，消費者無足夠時間考慮，結果買到不需要、不適合甚或價格過高的商品，才亟需「消保法」規範；本案中消費者因於進行瘦身課程中，遭受店員推銷購買商品，應符合「消保法」訪問買賣的精神，消費者可以依據「消保法」第十九條的規定，解除契約。而店家一再主張要求須扣除二成違約金的部分，依據「消保法」定型化契約的規定，需要有事先的審閱，若未事先審閱，對於消費者不利的約定，消費者得主張無效。消費者不但在買賣後七日內即以用存證信函依法解約，縱令未於七日內主張解除契約，至今尚未見過目錄或商品，更遑論契約了，公司不得主張二成的違約金！

　　事實證明，最佳女主角國際美容（股）公司漠視法律、罔顧消費者權益，在被公平交易委員會及衛生署多次處分後，一貫的銷售手法仍未改善，一味強調公司規定實不足取，做生意，兩相情願，原無可厚非，但是當依法業者須退款時，卻是一波三折、不乾不脆，消費者最好要多考量了！尤其對某些紀錄不良的業者更是應該敬謝不敏，以保障自身權益。

註釋

〔1〕例如利用郵政劃撥之業者。

〔2〕見「消保法」第二條第九款。

〔3〕見「消保法」第十八條。

〔4〕見「消保法」施行細則第二十二條。

〔5〕見「消保法」第七、八條。

〔6〕見「消保法」第九條。

〔7〕見「消保法」第十一條。

〔8〕見「消保法」第十二條。

〔9〕見「消保法」第十三條。

〔10〕尹章華，《消費者保護法與你》，永然，民國八十八年六
　　　月，頁185～190。

第五章

食品業之消費關係

第一節　消保法中有關食品業者應注意之事項

　　由於食品業者所產製之產品攸關消費者之身體健康，因此，在現代社會中，和消費者關係最為密切的行業，就是食品業了。

　　在我國，由於「民以食為天」的觀念，國人著重吃且講究美食，所以因為食品所發生的消費者爭議案件很多，例如：早期的米糠油含多氯聯苯案、玉米高粱含有黃麴毒素、海霸王食品中毒案、嬰兒食品含玻璃屑案，都造成消費者之害[1]。

　　消費者要依據「消保法」請求損害賠償，必須消費者或其家人朋友等因為食用食品業者所產製的食品，造成身體健康或精神上的傷害，才可以適用「消保法」無過失責任的規定，也才可以依據「消保法」第五十一條之規定請求一至三倍的懲罰性損害賠償。如果並未受到傷害，就不能依據「消保法」提出賠償要求。

　　就「消保法」之規定，「消保法」影響食品業者較大的規定為：1.產品之無過失責任與其相關的回收等問題；2.產品包裝、中文標示與中文說明書之規定；3.食品標示問題，例如：警告標示與緊急處理方法之標示；4.廣告。此外，「消保法」有關檢驗與地方機關之行政監督之規定，也會對於食品業者有所影響。

　　企業經營者能夠遵守「食品良好作業規範」（GMP）的規定在獲得食品GMP認證標記後，不但可以作為行銷的工具之一，也可作為製造上無過失之佐證，值得業者利用。

　　國內食品業者，不論是統一、味全等大型廠商，或是街角的超商或麵包店，所生產或銷售的各式市售食品，例如：各類飲料、麵點、零食等等，都是「消保法」所稱之商品。由於這些商品都和消費者之安全或衛生有關，因此依據「消保法」第七條規定，業者就必須負起無過失責任。此情形，也適用於進口食品的業者，因此，「消保法」也將輸入商品之進口業者，視為製造商，必須負無過失責任。

　　食品業者應如何因應此種無過失責任呢？第一，業者應改進設計、生產、製造與銷售的各個環節所可能發生之問題，或減少瑕疵之發生機會。第二，業者可考慮投保責任險。但目前食品業者投保的仍以外商為多。例如：可口可樂、百事可樂、雀巢、福樂等知名國際品牌，都延續國外之原則，對旗下產品投保責任險，而國內廠商似乎只有曾發生生菌數糾紛之礦泉水一項有投保。第三，為消弭消費爭議，業者應繼續加強員工訓練，以防止製造過程中發生瑕疵。當然，更應加強消費者服務[2]。至於進口業者，應盡速與國外原廠就「消保法」無過失責任之規定進行討論，如果國外原廠已投保

產品責任險，應將台灣也加入保險範圍之內，如果無法納入，則應請求國外原廠補償因無過失責任所導致之損害。

「消保法」第十條言，企業經營者於有事實足認其提供之商品或服務有危害消費者安全與健康之虞時，應即回收該批商品或停止其服務。「消保法」第三十六條賦予地方政府有權在調查後對確有損害消費者生命、身體或健康之虞的商品，可以命令廠商限期改善、回收或銷毀[3]。

業者也應特別注意包裝，以防止因為他人破壞而必須回收。「消保法」第三十六條也規定，企業經營者對於所提供之商品應按其性質及交易習慣，為防震、防潮、防塵或其他保存商品所必要之包裝，以確保商品之品質與消費者之安全。

「消保法」不只是規範國內食品業者，對經營進口食品之廠商也作同樣之要求，並在第二十四條規定，輸入之商品應附中文標示及說明書，其內容不得較原產地之標示及說明書簡略。輸入之商品或服務在原產地附有警告標示者，則必須附上中文的警告標示。

廠商也應注意廣告文案之內容。因為，「消保法」與二十二條規定，企業經營者應確保廣告內容之真實，其對消費者所負之義務不得低於廣告之內容。

「消保法」影響國內食品業者之另一項規定，則是有

關於消保團體之檢驗與行政機關之行政監督之規定。「消保法」已賦予消保團體與行政機關檢驗權，因此，食品業者應加強自己之品管檢驗工作，以便能主動採取行動，避免全面回收、銷毀或是停止營業之嚴厲處分。

第二節　案例介紹

【案例一】死豬肉的案例。

　　近年來，有人賣毒葡萄，有人賣死豬肉，有人賣死雞肉，有人把國外「過期」零食拿回國內賣……，這些人應得到什麼處罰呢？

　　死豬肉事件發生後，曾有國外記者探詢：「死豬肉事件發生，消基會是否要求廠商全面回收或者呼籲消費者拒買拒吃？」

　　我國死豬肉、死雞肉所以未釀成食品中毒事件，主因是病死豬肉、雞肉皆由油炸、滷煮、乾漬等方式製成「食品」，製造過程多經長時間之高溫、脫水或高濃度浸泡、醃製，以致細菌難以存活。長久以來，國人疏於食品衛生安全之警覺與防治，業者於是利用此「飲食習慣」而心存僥倖「投機取巧」，以毒葡萄、死豬肉、死雞肉「充當」合法、合格食品銷售，實在有待匡正檢討。

雖屢有大規模食物中毒事件發生，有的「安然無恙」，有的「肚痛腹瀉」，有的「住院觀察」，但少有死亡情事傳出。依「民法」及「消保法」規定，業者製造食品應確保無安全或衛生之危險，並負物之瑕疵擔保責任。業者違反此一規定，若消費者因體質不同而「安然無恙」者，可請求減少價金；沒有損害者，對「過失」業者可加請求一倍以下懲罰性賠償金，對「故意」業者，可加請求三倍以下懲罰性賠償金。業者也負有刑責。

【案例二】過期牛奶的案例。

一般國人在購物時，發現有「過期食品」，頂多把過期食品放回，另取其他合格貨品，以維持「少管閒事」、「自求多福」的生活態度。廠商因而維持此一經營原則，「企盼」過期食品可由「粗枝大葉」的消費者買走，鮮有主動將過期食品下架回收者。又消費者返家時，一旦發現食品過期，多以「錢少事繁」為由，忍受自責，絕少有「回頭」向廠商爭論，討回公道者。

在歐美國家則反是。消費者在貨架上發現有過期食品，必定基於「消費者幫助消費者」的心理，主動要求廠商下架更換，以免禍害遺毒他人。返家之後，若發現食品過期，也必持發票收據，向廠商理論，討回公道。

聰明的作法應如下：消費者發現有過期食品，可不

動聲色地「付錢取證」，待通過櫃台（臨出門之前），再返身向服務人員說明，要求退錢或換貨，一則可保存證據，穩居上風；一則可防杜廠商倖免之心，達到消費者相互保護之旨[4]。

【案例三】校園食品安全事件。

　　教育部自八十七學年度開始，明確規範餐廳從業人員在受雇之前應接受健康檢查，檢查項目除了胸部Ｘ光及Ａ型肝炎之外，還包括皮膚病及糞便檢查。學校內各餐廳供應午餐數量達五百份者，廚房從業人員至少應在五人以上；供應份數超過五百人時，每增加一百人至少要增聘廚房從業人員一人。學校餐具保存方式規定要設置密閉式保存設備。如果學校餐廳採包商辦理者，學校必須投保意外險。

　　一般校園餐飲之經營方式，可分下列幾種：

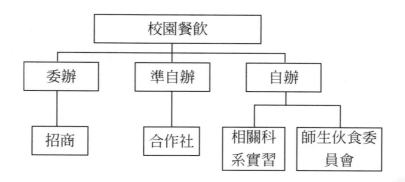

合作社具有法人地位，民間餐飲業爲自然人，合夥或法人，均應自負責任，受害學生或家長可依「消保法」向業者逕行請求賠償，但校方須依善良管理人之注意義務負監督管理之責。如有違反，依「民法」相關規定負賠償責任；若是校方自辦，校方應確實負責，惟是否適用「消保法」，則不無爭議[5]。

【案例四】速食造成肥胖案件。

美國紐約一肥胖男子巴伯與其他人士向紐約布朗克斯最高法院提起集體訴訟[6]。巴伯指控四大連鎖速食餐廳業者──麥當勞、溫蒂漢堡、肯德基炸雞、漢堡王──販售的食品，造成他過度肥胖並罹患心臟病與糖尿病。訴狀中指稱，四家業者公布之食品營養資訊不夠精確，並以詐欺手法廣告行銷。

現年五十六歲的巴伯身高一百二十公分，體重一百二十三公斤，是紐約市的維修工人。他要求被告之速食業者支付損害賠償（金額未定），此外還須標明販售之各種食品的脂肪、鹽與膽固醇含量，並以警訊告知消費者速食對健康的可能危害。

巴伯指控速食業者提供誤導消費者的訊息，認爲速食業者的廣告並沒告訴消費者食品之眞正成分，其實裡面都是脂肪。

巴伯的律師赫許言，關於速食餐點對健康的危害，

消費者一直沒有得到適當之警訊。因為速食連鎖店並未標明販售餐點之卡路里、脂肪公克數與鈉含量。不告知民眾消費的食品有害健康，其中涉及直接的欺騙。並認為速食食品會造成消費者類似上癮症狀之渴望，對美國窮苦民眾與兒童的影響最大。

如果巴伯等人獲得勝訴，類似的要求賠償訴訟將排山倒海而來，對速食業者產生嚴重衝擊，也會對台灣的消費者產生影響。據美國政府統計，美國每年約有三十萬個死亡案例與過度肥胖有關。此案的重要性在於指控焦點已由過去類似案件之食品標示問題，轉移至市場行銷與廣告欺騙手法，這一點在涉及兒童時尤其重要，將使速食業者難以招架。

此案件的發展，世界各國都在注意。它告訴我們，任何一個食品業者在提供各式食品時，除了照顧消費者之外，也要提供一份健康、安全、衛生的飲食，才是食品業者之最終目標。

【案例五】冷凍蒟蒻椰果案件。

一菲裔女童米雪兒因吃冷凍蒟蒻椰果變成植物人之後過世 [7]。生產果凍的台灣盛香珍食品公司已被求償一千七百萬美元。

原告米雪兒的律師雅曼尼言，他們原以「腦死損害」向盛香珍求償，現在已變成「死亡損害」，案情更趨嚴

重。果凍的進口商、經銷商與零售商以八百萬美元與米雪兒家人和解，是個「明智決定」，盛香珍選擇進行法律訴訟，現在將面臨更嚴厲之賠償要求。

兒童吃冷凍蒟蒻椰果宜注意，所有生產兒童食品的公司更應注意，因為兒童是弱勢團體，家長及廠商應多以兒童權益為前提。

註釋

〔1〕馮震宇、姜志俊、謝穎青、姜炳俊合著，《消費者保護法解讀》，月旦，民國八十七年一月，頁258。

〔2〕設立免費的申訴服務電話。

〔3〕民國八十二年所發生的礦泉水生菌數不合國家標準之事件，台北縣衛生局就曾要求業者回收礦泉水，現在「消保法」更明文賦予地方政府要求廠商回收或是改善權力。

〔4〕切勿在購物付款之前向廠商「蠻橫」理論。因為此時該物仍為業者所有，業者有權要求返還該物並予以藏匿銷毀，以避免證據為消費者所有。

〔5〕學校可否解為「企業經營者」尚有爭議。

〔6〕此案在九十一年七月二十四日提出訴訟，見閻紀守，〈胖得要命，都是速食的錯？〉，《中國時報》，民國九十一年七月二十八日，第三版。

〔7〕已於民國九十年八月初過世。見〈盛香珍面臨鉅額賠償，菲裔女童吃椰果噎死〉，《自立晚報》，民國九十年八月八日，第四版。

第六章

信用卡契約之消費關係

持卡人在信用卡交易中，其權利往往受定型化信用卡約款所限制，亦即由發卡機構所擬訂之信用卡約款，往往因契約當事人地位之不對等，或因約款違反法律之規定，或因約款文意有欠明確，或因約款內容未盡公平合理，而對持卡人造成不利之結果；信用卡契約由於本質上之特色，有必要以定型化契約作為持卡人與發卡機構締約之方式，對一般持卡消費者而言，受到不當約款之侵害可能也不在少數。

我國「消保法」所稱之定型化契約，則限定一方當事人為企業經營者，而締約相對人則限於消費者，適用範圍較狹[1]。

第一節　金融機構業務之特色

金融機構在業務經營上，其特殊性如下：

一、交易之大量性

金融機構每天所面臨者，均為眾多之消費者，而必須處理大量之業務，且通常必須與多數之相對人締結大量之契約，故實際上無法容許個別磋商之締約方式，而必須借助事前擬訂之各種契約條款。

二、營業項目之多樣性與專業性

金融機構對於契約內容之擬訂，不僅須對業務十分熟悉，更必須具有專業之素養與經驗，絕非一般與消費者直接接觸之個別業務人員，所能完全熟知而掌握者，故必須由專業人員於事前針對各種業務之特色，詳細擬訂各種定型化契約款以供使用。

三、處理交易所需之迅捷性

事前擬訂之定型化契約可避免消費者耗費精神就交易條件討價還價，金融機構也可藉此節省成本，符合雙方當事人之需求。

第二節　信用卡契約之定型化

一、經濟效益之考量

近來法律之經濟分析已成為分析法律問題時的一項重要工具，契約法之經濟分析也逐漸發展其規模，此種分析方法是以當事人追求經濟上最大效率為核心；即以

經濟學之觀點，能夠增加當事人之效用，提高當事人經濟效率之契約，即為理想契約。

自金融機構與一般消費者之締約行為言，以定型化契約之方式代替個別磋商行為是合乎經濟效益的。

二、信用卡契約之一致性

由於金融機構具有經濟生活中「媒介者」之特性，亦即透過金融機構之運作，可使「資金匱乏者」輕易向「資金充裕者」取得資金，而使「直接式金融」成為由「媒介者」主導之「間接式金融」。所以，金融機構對於通常為經濟上弱者之消費者，在資金取得或利用上是不可或缺的。

各金融機構信用卡契約所造成之規定大同小異，持卡人並無太多自由選擇決定權利義務內容之機會。例如年費之繳納，許多銀行[2]均要求持卡人應依發卡機構之規定繳納年費，且「年費一經繳納即不得以任何理由要求退還，發卡機構對於年費並且具有調整之權利」，則持卡人並無再做爭執之餘地。又例如：就持卡人於簽帳消費後與特約商店有爭議之問題，許多銀行[3]在定型化信用卡契約書中規定：「持卡人與特約商店簽帳消費後，本行無調整持卡人消費記錄之義務。如持卡人對服務或貨品之品質、數量、價金等有所爭議，或與特約商店有

其他爭執時，均與本行無涉，仍須如期如數繳清款項，不得以此作爲拒繳消費帳款或費用之抗辯。」

惟信用卡業務之經營既非以牟得暴利爲目標，在發卡機構經營之方法上，即傾向以較低之成本處理之，故使用定型化契約之需要，較一般金融機構業務更有其必要性；且在契約內容之擬定上，各金融機構也傾向以內容之一致性，避免彼此因惡性競爭而減少獲利。

第三節　消保法之規制作用

一、消保法在信用卡契約之適用

各家發卡機構常常標榜自己服務品質優良，但真正發生信用卡法律問題時，通常發卡機構還是舉出原始擬定之定型化約款爲其「免戰牌」，以該信用卡約款之內容作爲免除一切風險及責任之依據。所以信用卡約款之內容，以及該內容是否合理，將直接關係持卡人（消費者）於發生信用卡爭議時，可否主張應有權益之請求基礎，自須審慎加以認定。

持卡人與發卡機構間之定型化信用卡契約，如因違反「消保法」或其他法律而受無效之認定時，當事人間

之權利義務關係，則應回歸於此種契約類型之判斷結果，由「民法」對於典型契約或債編總則之相關規定加以解決。

二、檢討信用卡約款

就持卡人與發卡機構間之法律關係之討論，過去學說多認為具有消費借貸契約或委任契約之性質，筆者以為就發卡機構為持卡人處理消費款項之清償，以及持卡人因此支付年費並返還相關費用之約定部分，應為有償之委任關係，即持卡人以委任發卡機構處理有關信用卡交易，尤其是付款事宜為目的，而與之締約，並以支付年費作為對價，固無疑問，但發卡機構尚負有一主要給付義務，即為持卡人提供可於特約商店簽帳消費之服務，此一給付義務應屬於契約內容所約定負擔之義務，且為持卡人締結信用卡契約之目的，在私法自治之原則下，此種新興之契約類型應為一「混合契約」。

關於持卡人與特約商店間之法律關係，也因使用信用卡作為支付工具，有別於一般現金交付之有償契約。就持卡人有無向特約商店主張簽帳消費之權利，應由收單機構與特約商店間之法律關係加以觀察。收單機構與特約商店間之「特約商店約定書」，是一行紀契約，即收單機構處於行紀人之地位，代特約商店處理其商業上交

易所生之債權，並負一交付帳款之責任，而特約商店則以支付手續費爲報酬；惟該契約是附有「第三人利益約款」，即透過收單機構與特約商店之約定，使特約商店負有向持卡人提供簽帳服務之給付義務，故若特約商店無故拒絕持卡人以簽帳方式代替現金給付，或設有數額上之限制，或另加手續費者，持卡人均得主張債務不履行之責任。

第四節　案例介紹

【德國案例】：OLG Karlsruhe NJW-RR, 1991, 237

（一）事實[4]

　原告爲發卡機構，與被告持卡人所訂定之大來會員卡（Diners Club）會員約款第三條規定：「會員於認定簽帳單上簽名屬實後，須向發卡機構爲給付，並在會員存款帳戶中爲款項之撥繳。在約定可不簽名而爲給付之情形亦同。會員對特約商店之異議須直接主張之，與該會員對發卡機構應負之補償給付義務無關。」

　被告即持發卡機構所核發之信用卡，向特約商店以非現金給付之方式簽帳消費，此亦爲發卡機構與特約商店所約定者，而發卡機構再向特約商店爲給付，持卡人

其後再對發卡機構之清償行為為補償之給付。在一九八八年十一月中，被告與特約商店完成一筆總值為九十五萬二千二百六十二馬克之交易；被告在十一月十八日於簽帳單上簽名。其後被告與其妻因投入房地產投資生意，必須在外地停留較長時間等待買賣係「不可或缺」（notwendigerweise），應為「禁止解除，因該指示為信用卡之目的」。但法院則不認為所謂「不可解除性」係持卡人與發卡機構間信用卡契約之基本要件。這種關係可以用明確之規範加以限制。信用卡契約並非「民法」上之典型契約，該契約之內容亦僅在規範持卡人、發卡機構與特約商店間權利義務之關係而已；亦即發卡機構根據契約規定，對持卡人之非現金交易向特約商店為清償。通說均認為此時持卡人與發卡機構間係一種「民法」第六七五條所規定之「有償事務處理」之法律關係，在形式上係一種依「指示」行事之關係結構（anweisungkonstruktion）。故持卡人在簽帳單上所為之簽名，對發卡機構而言，即為一種向特約商店為支付之具體指示。依此種法律關係之結構，則被告在原告給付款項前應有解除此種指示之權利，且此種權利不因該付款之「指示」係依「民法」第七八五條以下關於指示證券之規定，且其資產亦不足支付所有簽帳款項，故被告於十一月月二十一日即向原告以傳真方式告知欲為買賣契約之解除，請無須支付該筆簽帳消費債務。此時發卡

機構尚未對特約商店為支付。然而，發卡機構卻依會員約款第三條之規定，向持卡人主張其應為補償之給付。因此持卡人原本可向特約商店主張之權利，反而不能向發卡機構為請求。依原告之主張，被告向發卡機構之付款指示具有「不可解除性」（unwiderruflichkeit），故被告不得於指示付款後要求停止支付之行為。法院判決原告之請求為無理由。

（二）判決理由

　　依高等法院之判決，原告對被告該筆九十五萬二千二百六十二馬克之請求權並未成立，因被告在一九八八年十一月十八日使用信用卡簽帳之債務並不存在。雖然被告於當日確有簽名，但其欠缺使發卡機構據以向特約商店為給付，並自該會員帳戶內撥款補償之指示性質；故對發卡機構而言，此時並未構成「民法」第六七〇條所規定之指示之簽名，發卡機構自不得請求持卡人負擔補償之債務。如發卡機構仍向特約商店為給付者，則該「清償」行為實質上並非「事務之處理」，蓋被告已將付款之指示解除，此一解除為有權之行為。具體說明如下：

　　1.在有關銀行法之文獻中，不乏有認為持卡人之簽名代表一種不可解除之付款指示，蓋此一解除權之拋定所為者，或係依「民法」第六六五條以下

關於委任之規定所為者而有所不同。

2. 在定型化契約中對解除權之排除一定要有明確之規定，殆無疑問。在信用卡契約中，許多發卡機構對此均明文規定為，若持卡人之付款指示係因使用卡片所發出者，則因發卡機構對特約商店負有給付之義務，故不可予以解除，以杜爭議。有謂持卡人既不得對發卡機構向特約商店之給付為阻止之異議，則表示持卡人並不得行使其解除權。然或許最後二者適用之結果相同，持卡人都必須負付款之責任，但本質上此一異議權之行使與解除指示權係二不同之觀念。在雙方所訂定之會員約款中，係將持卡人對於持卡人與特約商店間消費之異議權加以排除，特約是發卡機構依指示而為給付時，則不得以該異議對抗之。但若該付款之指示根本上已被解除時，則持卡人對發卡機構應無償還之義務。本案原被告雙方所訂定之約款第三條中並未對解除權加以明文排除，而對於權利係不能以臆測（vermuten）加以限制，而必須在定型化約款中特別加以明文規定。

此外，原告不能以與特約商店所訂定對簽帳款項為給付之付款約定為依據，向持卡人求償；蓋該約定並未納入發卡機構與持卡人間之定型化約款中，不符合明確性之原則，持卡人自無遵守之義務。

註釋

[1] 法國法將定型化契約稱為附合契約（contract d'adhesion）；
英國學說將定型化契約稱為標準契約；德國法將定型化契約
稱為一般交易條款（Allgemeine Geschaftsbedingungen，簡稱
AGB）。見謝佳雯，《信用卡約款在消費者保護法上之分
析》，台大法律學研究所碩士論文，民國八十四年六月，頁
106。

[2] 例如中國信託商業銀行、上海商業儲蓄銀行、中國國際商業
銀行、富邦商業銀行。

[3] 中國信託商業銀行、花旗銀行、上海商業儲蓄銀行、中國國
際商業銀行、富邦商業銀行。

[4] 謝佳雯，《信用卡約款在消費者保護法上之分析》，台大法律
學研究所碩士論文，民國八十四年六月，頁150～153。

第七章
消費爭議之處理方式

　　消費訴訟，經過法院之縝密審理，固然可以滿足效力性要求，但無法在短時間內大量解決層出不窮之消費爭議。況且大部分的消費爭議在程度上尚未達到須由法院介入，以裁判確定消費者與企業經營者間之法律關係。所以消費者申訴制度與調解制度之併行運用，就成為消費者與企業經營者解決一般消費者爭議的必要管道。

　　「消費者保護法」為廣泛而及時處理消費者與企業經營者間之消費爭議，一方面消費者申訴事務在政府方面，責成特定之消費者服務中心及消費者保護官擔綱，另外，在直轄市及縣市政府設消費爭議調解委員會，委員七至十五人中，以直轄市、縣（市）政府代表、消費者保護官、消費者保護團體代表、企業經營者所屬或相關職業團體代表充任，並以消費者保護官[1]為主席。

　　消費者保護法規定申訴與調解的流程如**圖7-1**所示。

　　依「消保法」之規定，不排斥消費者就消費爭議向鄉鎮市區調解委員會申請調解，或向法院聲請調解。

第一節　消保法之規定——申訴與調解

　　「消保法」除規定消費者保護團體有接受消費者申訴

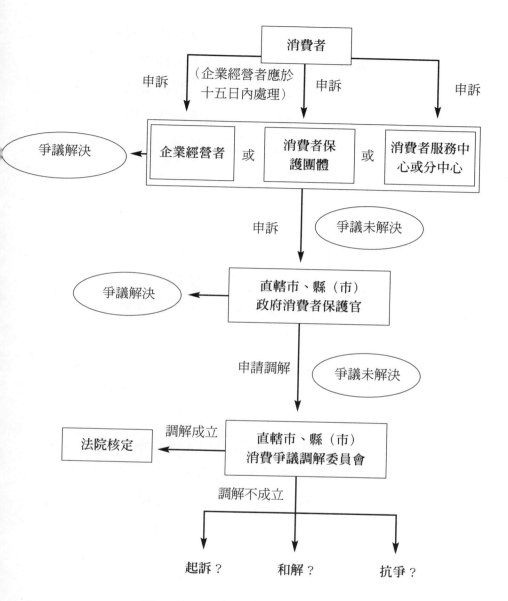

圖7-1 消保法規定之申訴與調解流程

資料來源：馮震宇、姜志俊、謝穎青、姜炳俊合著，《消費者保護
法解讀》，月旦，民國八十七年一月，頁232。

之任務[2]，省（市）及縣（市）政府設消費者服務中心辦理消費者申訴事項[3]外，並於第四十三條規定：「消費者與企業經營者因商品或服務發生消費爭議時，消費者得向企業經營者、消費者保護團體或消費者服務中心或其分中心申訴。企業經營者對於消費者之申訴，應於申訴之日起十五日內妥適處理之。消費者依第一項申訴，未獲妥適處理時，得向直轄市、縣（市）政府消費者保護官申訴。」

因此，接受申訴之單位第一層級包括：1.企業經營者；2.消費者保護團體；3.消費者服務中心或分中心[4]。如向三單位申訴未獲妥適處理時，得向直轄市、縣（市）政府消費者保護官申訴（同條第三項），又恐企業經營者對消費者之申訴，應於申訴之日起十五日內妥適處理（同條第二項）之申訴置之不理，乃明文規定消費者可向消保官申訴。

申訴制度只有形式上的規範作用，能否適當解決，必須依賴於企業經營者的誠意，其處理結果也無法律上之強制力。所以「消保法」進而規定：「消費者依前條申訴未能獲得妥適處理時，得向直轄市或縣（市）消費者爭議調解委員會申請調解。」

調解成立時，調解委員會應做成調解書，並於調解成立日起七日內，將調解書送請管轄法院審核，調解經法院核定後，當事人就該事件即不得再行起訴、告訴或

自訴；經法院核定之民事調解，與民事確定判決有同一
之效力；經法院核定之刑事調解[5]，以給付金錢或其他
代替物或有價證券之一定數量爲標的者，其調解書具有
執行名義；此外，已係屬於第一審法院之民、刑事消費
事件，如調解成立，經法院核定後，視爲撤回起訴、告
訴或自訴，除非該調解有無效或得撤銷之原因，當事人
也不得再提起宣告調解無效或撤銷調解之訴[6]。

第二節　消費訴訟

　　所謂「消費訴訟」，是指消費者與企業經營者間就商
品或服務所發生的法律關係，向法院提起之訴訟[7]。其
指涉之範圍不僅限於攸關消費者安全之產品責任訴訟而
已，在定型化的契約處理中，可能發生確認法律關係成
立（或不成立）之訴訟；在特種買賣之情形，可能發生
無因管理之問題；在消費者資訊之規範方面，可能發生
誤信廣告所致之損害賠償訴訟，甚至「民法」中之買賣
瑕疵擔保問題，也可以劃歸到消費者訴訟之範疇中。

一、個別訴訟

　　個別消費者因企業經營者違反「消保法」規定提起

訴訟，若請求金額少於新台幣三十萬元，或者其訴訟類型屬於「民事訴訟法」第四二七條第二項各款之規定者；一律適用簡易訴訟程序。

簡易訴訟程序理論上在起訴及審理調解證據之步驟上，得採便宜之方式進行[8]。但實際上，簡易訴訟程序並不等同於外國之小額訴訟制度，法院在審理上往往爲顧及當事人程序上之保障，在審理形式上與通常訴訟程序並無二致，爲原告之消費者除須依「民事訴訟費用法」規定，預繳裁判費外，也須懂得以書狀及言詞表明應受裁判之事項及訴訟標的，更要知道適時聲明證據。

「消保法」第四十八條第一項規定：「高等法院以下各級法院及其分院得設立消費專庭或指定專人審理消費訴訟事件。」其立法意旨即是爲「重視消費者權益，迅速確實處理消費訴訟」。

二、選定當事人訴訟

因同一事實上或法律上原因而受害的多數消費者，依「民事訴訟法」第四十一條規定選定一人或數人爲全體起訴，請求損害賠償時，爲使同一消費爭議得於一次訴訟全部解決，「消保法」第五十四條規定，法院得徵求原被選定人之同意後公告曉示，其他被害之消費者得於一定期間內，以書狀表明被害之事實、證據及應受判

決事項之聲明，併案請求賠償。

三、團體訴訟（集體性訴訟）

　　團體訴訟是指為維護有關消費者或經濟秩序之公眾利益，並避免個人因無能力或無興趣提起訴訟，導致違法行為續行，損害擴大，於是賦予特定的公益團體訴訟實施權，使其得以自己之名義，為被害人起訴及進行訴訟之制度。

　　因此，若具有共同利益的眾多受害人，能由其中一人或數人提起訴訟，使其效力及於全體，不但可以減輕法院與當事人的煩累，節省人力、物力、時間、金錢，也利於速審速結，判決一致。所以如何在法制上尋求途徑，有效地解決「眾對一」（Mass to One）的訟爭[9]，乃成為各國民事訴訟法制的重要課題。

　　而「集體性訴訟」各國因其法制內容之特質，又異其用語。英美法稱之為 "Class Action"[10]，德國法稱之為 "verband sklage"（譯為「團體訴訟」），日本早期學者均稱「多數當事人訴訟」、「團體訴訟」或「集合代表訴訟」。據此，學者對於「集團性訴訟」，多認為意指一群立於同種狀況的多數人，具有共通的利害關係時，基於此集團性的牽連關係，向法院提起之民事訴訟[11]。

　　集團性訴訟大致可分三大類型：

1. 共同訴訟，即集體之全體成員均為原告。
2. 代表訴訟，即僅由集團中的一部分成員在法律上代表其他成員為原告。
3. 團體訴訟，即由集團本身為原告，亦即由集團自行為原告提起訴訟，非由其成員為原告。

在「消保法」第四十九條規定，這種得為消費者為訴訟上之原告之團體，其資格為：

1. 許可設立三年以上之消費者保護團體。
2. 置有消費者保護專門人員。
3. 經申請消費者保護委員會評定優良。
4. 若為社團法人，社員人數須達五百人以上；若為財團法人，登記財產總額須在新台幣一千萬元以上。
5. 起訴前須經消費者保護官同意。

消費者保護團體得以自己之名義為消費者為原告之訴訟包括：消費者損害賠償訴訟（「消保法」第五十條）及請求企業經營者不作為之訴訟（消保法第五十三條）。

（一）消費者損害賠償訴訟

在消費者損害賠償訴訟方面，對於同一事實上或法律上原因所引起眾多消費者受害事件，合於前述資格之消費者保護團體得受讓二十人以上消費者損害賠償請求

權後，以自己的名義，提起訴訟。

　　消費者保護團體為消費者提起之損害賠償訴訟，不得向消費者請求報酬。勝訴所得報償，在扣除訴訟之必要費用[12]後，須交付各該讓與請求權之消費者。

（二）　請求企業經營者不作為之訴訟

　　依「消保法」第五十三條規定，對於企業經營者重大違反「消保法」有關保護消費者規定之行為，合乎「消保法」第四十九條規定資格之消費者保護團體，得經消費者保護官同意，以自己名義獨立行使不作為請求權，以訴請法院禁止或命令企業經營者停止違法行為。

　　此訴訟不以為原告之消費者保護團體內部構成員或外部消費者權益，實際已受損害為起訴要件。在企業經營者為不正當競爭行為或濫用不當之定型化契約條款之情形，這項訴訟之提起，尤有益處。法保官基於推動消費者保護事項之職責，也得以自己名義為原告，提起此項訴訟。但這項訴訟確定判決之效力，應不及於當事人以外之消費者或其他消費者保護團體[13]。

　　在此以下列表格說明消費者個別訴訟、選定當事人訴訟、團體訴訟之異。

種類	消費 訴 訟		
	消費者個別訴訟	選定當事人訴訟	團體訴訟
原告	消費者一人或數人	因同消費關係受害之多數人，依「民事訴訟法」第四十一條規定，所選定之一人或數人	消費者保護團體 1.許可設立三年以上 　社團法人：社員人數五百人以上 　財團法人：登記財產總額新台幣一千萬元以上 2.經申請消費者保護委員會評定優良 3.置有消費者保護專門人員
消費者保護法特別規定之起訴事件	無	無	1.須經消費者保護官同意 2.於消費者損害賠償訴訟之場合，須就同一原因事件，受讓二十人以上消費者損害賠償請求權
裁判費繳納	依「民事訴訟費用法」規定照徵	同上	1.於消費者損害賠償訴訟，標的金額超過新台幣六十萬元部分，免繳裁判費 2.於請求企業經營者不作為之訴訟，完全免繳裁判費
強制律師代理	否	否	是
法院得依職權宣告為減免擔保之假執行	是	是	是
假扣押擔保減免	無特別規定	無特別規定	無特別規定
訴訟救助	無特別規定	無特別規定	無特別規定

資料來源：馮震宇、姜志俊、謝穎青、姜炳俊合著，《消費者保護法解讀》，月旦，民國八十七年一月，第三版第四刷，頁242。

註釋

〔1〕按消費者保護官制度，是參酌瑞典「消費者監督官」（Verb-raucher-Ombudsman）制度之精神而設。其兼具「準司法權」之作用，因之消費者保護委員會對之只有具體個案之指揮權，而無一般之監督權。見李伸一，《消費者保護法論》，凱侖，民國八十四年四月，頁339～340。

〔2〕「消保法」第二十八條第七款。

〔3〕「消保法」第四十二條。

〔4〕「消保法」第四十三條第一項。

〔5〕消費事件也有可能涉及刑責。

〔6〕「消保法」第四十六條及「鄉鎮市調解條例」第二十二條至二十六條。

〔7〕「消保法」第二條第三款、第五款。

〔8〕得以言詞起訴，得不待法院通知於法院通常開庭之日自行到場為訴訟之言詞辯論案。

〔9〕李伸一，《消費者保護法論》，凱侖，民國八十四年四月，頁345。

〔10〕劉介中，〈公害集體訴訟之研究〉，《司法官訓練所第二十二期學員論文集》，民國七十五年一月，頁337。

〔11〕學說上有將「牽連關係」稱為「連帶關係」者，易與「民法」連帶之債生混淆，本處不採。

〔12〕包括聘任律師支出之事務費用、裁判費、郵費、執行費等，但不應包括消費者保護團體之行政支出。

〔13〕「民事訴訟法」第四○一條第一項。

第八章

結　論

　　「消保法」爲保護消費者，特別在「消保法」第二章「消費者權益」中，就有關消費者權益之重大問題加以規定，以使消費者與企業經營者能明白彼此間之權利、義務關係。這些特殊權益規定，可分爲無過失責任主義，定型化契約，不實廣告，特種買賣（包括訪問買賣與郵購買賣、分期付款）等。雖然民法大部分已有所規定，但「消保法」則變更了「民法」之規定，而使得消費者能夠獲得更周延的保護。

一、　無過失責任主義

　　「消保法」中最引起國內企業界注意的，就是有關商品與服務之無過失責任規定。「消保法」所採取的無過失責任，是一種危險責任之法，即「消保法」第七條所稱的從事設計、生產、製造商品或提供服務之企業經營者，應確保其提供之商品或服務無安全或衛生上之「危險」。即言如果消費者因爲商品或是服務而發生損害時，雖不需要證明企業經營者的故意或是過失 [1]，但是仍應就損害之發生、商品或服務之瑕疵 [2]，以及損害及瑕疵間之因果關係加以證明。企業經營者如果要減免責任，則必須就自己並無過失負舉證責任。

　　不過，由於「消保法」並未在有限條文中，對無過失責任所不適用之情形，及可被允許的抗辯 [3] 加以規

定，使得企業經營者有很大之壓力。

除此之外，與「消保法」無過失責任有關的問題，例如：警告標示與回收等問題，都是重要課題。例如：警告標示不只是適用於國內產品，據「消保法」第二十四條言，還適用於輸入國內之所有商品與服務。透過「消保法」對經銷商品或服務之企業經營者[4]，與對輸入商品或服務之企業經營者[5]之規定，使得無過失責任制度得以擴展至整個商品與服務行銷體系，對於消費者而言，是一種值得肯定之立法。但是對於不可歸責於企業經營者之情形，例如：發生千面人下毒勒索之事時，企業經營者也是受害者，是否企業經營者仍要負無過失責任，就有待討論。

二、 定型化契約

消費者與企業經營者之間，因為地位上之差異，使得消費者對企業經營者片面決定的契約條款，只有接受與拒絕兩種選擇，不能對契約條款作任何變更。這種結果，引發出許多消費爭議。

據「消保法」之定義，所謂定型化契約，是指企業經營者與不特定多數人訂立契約，單方預先擬訂之契約條款。「消保法」要求企業經營者在定型化契約中所用之條款，應本平等互惠之原則，如有疑義時，則應為有

利於消費者之解釋[6]。對定型化契約之效力問題則採取強行規定的立法，規定「定型化契約中之條款違反誠信原則，對消費者顯失公平者，無效」。

三、不實廣告

在「民法」上，廣告只是要引誘消費者去向企業經營者為要約的一種手段，在「民法」上稱為「要約之引誘」，並不是可以成立契約的「要約」。但是「消保法」在第二十二條中，特別規定：「企業經營者應確保廣告內容之真實，其對消費者所負之義務不得低於廣告之內容。」[7] 對消費者而言，由於廣告之內容不得低於企業經營者對於消費者所負之義務內容，使得廣告內容在實際上已達成為契約內容之地位。如果消費者因廣告不實而受損害，就可請求債務不履行之損害賠償，如企業經營者有故意或過失，還可請求懲罰性之損害賠償。

四、特種買賣

特種買賣就是指特殊的買賣類型，此種規定並非「消保法」所特有，而是秉持「民法」特種買賣之規定[8]。

「消保法」中有關於特種買賣之規定，有下列幾種類

型：

（一）郵購買賣

「消保法」爲規範不斷更新的行銷手法，不採取個別
規範的方式，面對郵購買賣採用廣義之立法方式。只要
企業經營者以廣播、電視、電話、傳眞、目錄之寄送或
其他類似之方法，使消費者未能先檢視商品而爲要約，
就以郵寄或其他遞送方式，而爲商品買賣之交易形態，
都是屬於「消保法」的郵購買賣，也都受到「消保法」
之規範。

受到此種郵購買賣規定影響的，不只限於根據型錄
與電視購物等方法所成立之買賣契約，還包括利用郵政
劃撥方式，或是以信用卡付帳，而事後郵寄商品的買賣
方式，只要消費者未在正式購買前檢視所購買之商品之
交易形態，都屬於郵購買賣。

郵購買賣之消費者，若對所收受之商品不願買受
時，得於收受商品後七日內，退回商品或以書面通知企
業經營者解除買賣契約，無須說明理由及負擔任何費用
或價款。消費者取得了在七天內不須任何理由，任意解
除契約的法定解除權[9]。

（二）訪問買賣

其義是指企業經營者未經要約，而在消費者之住居

所或其他場所從事銷售而發生之買賣行為。「消保法」對訪問買賣採取廣義的定義規定，只要是不請自來（未經消費者要約）的銷售行為，不論是發生在消費者的住居所或是辦公室或是餐廳或是騎樓下、紅磚道上，也不論所銷售的是商品或是服務，都是屬於訪問買賣。消費者依「消保法」第十九條，都有在七天內任意解除契約之法定解除權。至於其他服務性商品如保險、信用卡等，可根據「消保法」第一條第二項之規定，適用特別法。但是否如此，仍應由法院做最後決定。

（三）分期付款買賣

其義是指買賣契約約定消費者支付頭期款，餘款分期支付，而企業經營者於收受頭期款時，交付標的物予消費者之交易形態。在「民法」的特種買賣中，已經對分期付款買賣有所規定，「消保法」仍在第十一條再對分期付款買賣所應出具的契約書內容作更明確的規定。「消保法」有關分期付款之規定，可以優先於「民法」之法定而適用。

日後只要是屬於分期付款之買賣，就應要有書面的分期付款買賣契約書，載明：1.頭期款；2.各期價款與其他附加費用核計之總價款與現金交易價格之差額；3.利率。企業經營者未依規定記載利率者，其利率按現金交易價格週年利率5%計算之。企業經營者若未載明1.或

2.之應記載事項，消費者可不負現金交易價格以外之給
付義務。

註釋

〔1〕 主觀的歸責原因。

〔2〕 客觀的歸責原因。

〔3〕 例如消費者的不當使用。

〔4〕「消保法」第八條。

〔5〕「消保法」第九條。

〔6〕「消保法」第十一條。

〔7〕 似乎有意將廣告視為「要約」，非「要約之引誘」。

〔8〕「民法」第三八九條與三九〇條就對分期付價（款）買賣有特別的規定。

〔9〕「消保法」第十九條。

參考書目

一、中文部分

「人民出版社」編印，《公民消費權益保護法律手冊》，新
　　華，民國85年2月。

尹章華，《消費者保護法與你》，永然，民國89年4月。

尹章華，《消費保護小小說》，漢興，民國86年1月。

尹章華，《消保法制本土化》，福興，民國86年7月。

尤子彥，〈政策奏效，建商：房市又活過來了〉，《中國時
　　報》，民國91年4月28日，第六版。

尤英夫，《廣告法之理論與實務》，世紀法商雜誌社，民國
　　89年2月。

王敏，《中華人民共和國消費者權益保護法問題解答、案例
　　精選、名詞解釋》，北京：企業管理，民國83年2月。

王德勝，《新編消費心理學》，山東：人民，民國85年3月。

內政部社會司印行，《消費者問題與法律》，民國81年3月。

石家禎，《郵購買賣契約與消費者保護》，中興大學法律研
　　究所碩士論文，民國84年4月。

民事訴訟法研究基金會，《民事訴訟法之研討（五）》，三
　　民，民國85年10月。

日本早稻田大學消費金融研究所，《中、日消費金融趨勢對

相關產業之影響研討會論文集》，民國91年5月23日至5月25日。

朱柏松，《消費者保護法論》，翰蘆，民國88年9月。

朱柏松，〈消費者保護法商品製造人責任規定之適用與解釋（下）〉，《台大法學論叢》，第二十四卷第一期，頁457～494。

朱懷祖，〈藥物責任與消費者保護〉，參考網站 http://fda.tmc.edu.tw/law005_00.htm。

行政院消費者保護委員會發行，《消費者手冊》。

行政院消費者保護委員會，《定型化契約範本彙編》（第一輯），民國86年8月。

行政院消費者保護委員會編印，《消費者保護法立法目的與條文說明》。

行政院消費者保護委員會編印，《立法院審議「消費者保護法」審議紀錄彙編》，民國84年7月。

行政院消費者保護委員會編印，《消費者保護研究》，第一輯，民國84年6月。

行政院消費者保護委員會編印，《消費者保護研究》，第二輯，民國85年1月。

行政院消費者保護委員會編印，《消費者保護研究》，第三輯，民國86年4月。

行政院消費者保護委員會編印，《消費者保護研究》，第四輯，民國87年2月。

行政院消費者保護委員會編印，《消費者保護研究》，第五輯，民國88年1月。

行政院消費者保護委員會編印，《消費者保護研究》，第六
　　輯，民國89年1月。

行政院消費者保護委員會編印，《消費者保護研究》，第一
　　屆中華民國消費者月特刊第二輯，民國85年1月。

行政院消費者保護委員會編印，《消費者行政資訊》，民國
　　85年12月。

行政院消費者保護委員會編印，《消費者保護法專案研究實
　　錄》，民國86年6月。

行政院消費者保護委員會編印，《消費者保護理論與展
　　望》，民國86年8月。

行政院消費者保護委員會編印，《監督定型化契約與規範消
　　費者資訊之法規競合與適用之研究者》，民國85年9月。

行政院消費者保護委員會編印，《日本消費者行政》，民國
　　85年11月。

行政院消費者保護委員會編印，《消費者保護法對企業經營
　　者之影響》，民國85年4月。

行政院消費者保護委員會編印，《企業經營者對消費者侵權
　　賠償責任制度比較研究》，民國84年8月。

行政院消費者保護委員會編印，《消費者保護法施行細則研
　　訂資料》，民國84年2月。

行政院消費者保護委員會編印，《消費者保護法專案研究實
　　錄第二輯》，民國88年6月。

行政院衛生署藥物食品檢驗局編印，《透視大陸藥品》（一）
　　至（七）冊，民國86年至87年。

行政院大陸委員會發行，《大陸旅遊糾紛案例彙編》，民國

83年9月。

行政院消費者保護委員會，《消費者保護手冊》，民國83年
　　11月。

呂榮海、姜志俊、林繼恆，《定型化契約Q&A》，商周，民國
　　84年2月28日。

吳英同，〈不實廣告類型及案例分析〉，《公平交易季刊》，
　　第六卷第一期，民國87年1月，頁125～148。

吳敬全、王曉暉、張哲，《上帝在憤怒》，接力，民國82年7
　　月。

吳學政，《兩岸消費者保護法之比較研究》，台灣大學三研
　　所碩士論文，民國89年。

吳建樑，《醫師與病患「醫療關係」之法律分析》，東吳大
　　學法律研究所碩士論文，民國83年7月。

李永然，《生活與法律》（二）（四），永然。

李永然，《房地產法律談》，永然。

李永然等，《大陸消費者權益保護法實用──兼論兩岸消保
　　法的比較》，永然，民國85年9月。

李永然，〈消費者如何向大陸工商管理所申訴〉，《自立早
　　報》，民國86年4月19日。

李永然，〈大陸對消費者權利及經營者義務規定〉，《自立
　　早報》，民國86年6月16日，第九版。

李永然主編，〈預售屋買賣經典〉，《法律與你》，永然，民
　　國83年7月。

李亦杜，〈醫療總額預算實施，台灣將成特權之島〉，《中
　　央日報》，民國91年7月13日，第七版。

李伸一，《消費者保護法論》，凱侖，民國84年4月。

李慧瑜，《消費者融資性租賃之法律問題研究》，中興大學法律研究所碩士論文，民國84年6月。

林永汀，《房屋買賣違反公平交易法案例解讀》，永汀，民國85年7月。

林永汀，《房地產消費關係與消保責任》，永然，民國84年。

林永汀，《如何購買預售屋》，世潮，民國83年1月。

林宜君，《中國大陸房地產法規之研究》，政治大學法律研究所碩士論文，民國84年7月。

林益山，《消費者保護法》，五南，民國83年。

林慧貞，《論消費者保護法之服務無過失責任》，台大法律研究所碩士論文，民國85年6月。

林瓊輝，《民生主義之消費者保護立法》，中國文化大學三民主義研究所博士論文，民國75年6月。

邱清華等，《消費者保護法導讀》，消費者，民國84年4月。

邱清華，〈期待消委會機能革新〉，《消費者報導》，民國86年9月，第197期。

邱聰智，〈消費者保護法上商品責任之探討〉，消費者保護法律問題研討會實錄，頁195～225。

周宇，《消費者保護之研究》，台灣學生書局，民國65年5月。

社會大學文教基金會民意調查中心，《國民消費意識程度與消費問題》，行政院消費者保護委員會，民國85年5月。

姜宜君，《預售屋買賣定型化契約之研究》，政治大學法律

學研究所碩士論文，民國86年。

段維新，〈注意裂縫，別讓臉盆傷人〉，《中國時報》，民國91年6月7日，第三十七版。

段維新，〈選購小型、淺色臉盆、檢視鋼釘〉，《中國時報》，民國91年6月7日，第三十七版。

范建德，《消費者向前行——談消費者保護的內涵》，漢興書局，民國83年7月。

胡明華，《公平交易法上欺罔行為之研究》，東海大學法律研究所碩士論文，民國83年6月。

孫綺君，〈日本違反獨占禁止法事件之審判審決程序〉，《公平交易季刊》，第六卷第一期，民國87年1月，頁181～204。

高岩，〈美國的保護顧客運動〉，《今日經濟》，第五十五期，民國61年3月，頁22。

徐小波、劉紹樑，《企業經營者對消費者侵權賠償責任制度之比較研究》，行政院消費者保護委員會，民國84年8月。

涂昌波、李弘等，《消費者權益保護實用手冊》，北京：人民法院，民國84年5月。

消費者報導雜誌社提供，〈浴廁安全檢測〉，《中國時報》，民國91年6月7日，第三十七版。

消費者文教基金會出版，《1998年消費者權益白皮書》，民國87年11月。

陳文俊，《八十六年度國民消費意識程度暨消費問題之調查研究》，國立中山大學民意與選擇研究室，行政院消費

者保護委員會委託，民國86年4月。

陳文燦，《消費訴訟制度之研究》，東吳大學法研究所乙組
　　論文，民國85年6月。

陳怡成，《預售屋買賣法律常識》，漢湘，民國86年。

陳俊斌，《消費者保護立法之研究》，台大法研所碩士論
　　文，民國77年6月。

陳國雄，《最新不動產糾紛解疑》，永然。

陳煥文，〈論消費爭議之仲裁〉，《律師雜誌》，民國86年7
　　月，第214期。

陳韻珊，〈公平會處理台灣證券交易所收取資訊使用費行為
　　實務報導〉，《公平交易季刊》，第六卷第一期，民國87
　　年1月，頁149～160。

粘毅群，《從定型化契約的觀點論工作規則》，中原大學財
　　經法律學系碩士論文，民國89年7月。

「國務院法制局法規編纂室」編印，《消費者權益保護法律
　　指南》，北京：法律，民國83年9月。

張力可，〈摺疊桌奪命，選購擦亮眼〉，《中國時報》，民國
　　91年8月17日，第二十版。

張振煌，《消費者購屋決策專家系統之研究》，政治大學地
　　政研究所碩士論文，民國86年6月。

張耀民，《消費者權益保護法釋義》，國家工商行政管理局
　　條法司，長春，民國82年12月。

張瑜鳳，《公平交易法關於仿冒行為制裁規定之研究》，台
　　灣大學法律研究所碩士論文，民國83年6月。

郭乃萍，《公平交易法與銀行業價格及非價格行為之研

究》，東吳大學法律研究所碩士論文，民國83年8月。

馮震宇，《網路基本問題研究（一）》，學林，民國87年7月。

馮震宇編，〈消保法教戰守策〉，《法律與你》，永然，民國83年4月。

馮震宇、姜志俊、謝穎青、姜炳俊合著，《消費者保護法解讀》，月旦，民國87年1月。

黃立，〈消保法有關廣告規定適用〉，《政大法學評論》。

黃茂榮，《大陸地區消費者權益保護法之研究》，財團法人海峽交流基金會法律業務研討會，民國83年1月15日。

黃庭郁，〈低脂、高鈣？不能再亂蓋〉，《中國時報》，民國91年8月16日，第六版。

稅素芃，〈使用或施工不當，洗臉盆或牆面龜裂〉，《中國時報》，民國91年6月7日，第三十七版。

稅素芃，〈預防之道——乾濕分離，銅板，墨水檢查裂縫〉，《中國時報》，民國91年6月7日，第三十七版。

游恆山譯，《消費者行為心理學》，五南，民國90年3月。

彭禎伶，〈銀行收取房貸違約金合理〉，《中國時報》，民國91年8月17日，第二十二版。

楊秀芬，〈醫院總額、病患跳樓，立委質疑〉，《中央日報》，民國91年7月11日，第七版。

楊鳳春，《消費者政治學》，揚智，民國88年6月。

楊中芳，《廣告的心理原理》，遠流。

楊建華，《大陸民事訴訟法比較與評析》，三民，民國83年8月。

楊穎，〈退貨必勝招數〉，《中國時報》，民國91年7月7日，
　　第三十八版。

賈俊玲、張智勇，《中國消費者權益保護法講座》，北京：
　　改革，民國84年2月。

詹森林、馮震宇、林明珠，《認識消費者保護法》，行政院
　　消費者保護委員會編印，民國84年2月。

詹森林、馮震宇、林明珠，《消費者保護法問答資料》，行
　　政院消費者保護委員會編印，民國84年2月。

詹森林，《消保法有關商品責任與服務責任之規定在實務上
　　之適用與評析》，消費者保護法施行五週年學術研討
　　會，國立台灣大學法律學系，民國88年1月9日。

詹森林主持，《郵購買賣、訪問買賣糾紛之處理方式及研究
　　其管理可行性期終報告》，經濟部商業司委託台大法律
　　系研究，民國86年12月。

葉志雲，〈嬰兒車夾斷男嬰手指，父母控訴向業者求償〉，
　　《中國時報》，民國91年8月8日，第九版。

廖義男主持，《消費者保護之行政監督與執行之研究》，經
　　濟部委託台大法律系研究所執行，民國80年10月。

廖義男，〈消費者保護法成效之檢討與展望〉，《律師雜
　　誌》，民國86年7月，第214期。

劉介中，〈公害集體訴訟之研究〉，《司法官訓練所第22期
　　學員論文集》，民國75年1月。

劉昌德，〈公民退位，消費主義進駐電視〉，《中國時報》，
　　民國91年3月15日，第十五版。

劉秀山、陳家民，《產品責任與消費者權益102問》，人民法

院，民國84年9月。

劉春堂，《消費者保護法要義》，行政院消費者保護委員會
　　編印，民國88年6月。

劉春堂、杜怡靜譯，《日本推動消費者保護之具體方案》，
　　民國86年11月第十三屆消費者保護會議，行政院消費者
　　保護委員會編印，民國87年4月。

劉春堂，〈一般契約條款之解釋〉，《法學叢刊》，第九十
　　期，頁81。

劉春堂，《建立我國消費者支援行政體系——籌設消費生活
　　中心芻議》。

劉樹澤，《廣告管理》，華泰書局，民國84年3月。

劉南英，《民法概要》，全威，民國89年8月。

劉振強，《基本六法》，三民，民國89年9月。

劉競明，〈總額預算管制，醫療品質不管？〉，《聯合報》，
　　民國91年6月28日，第十五版。

劉默容，《預售屋買賣之不實廣告暨其定型化契約之研
　　究》，中興大學法律學系研究所碩士論文，民國87年7
　　月。

潘儀君，《產品責任與產品責任保險——以消費者保護法爲
　　中心探討二者互動之關係》，台灣大學法律學研究所碩
　　士論文，民國87年7月。

黎淑慧，《法學緒論》，文京，民國88年11月。

黎淑慧，《法律與生活》，文京，民國89年5月。

蔡宗英，《消費者的故事》，消費者，民國76年10月。

蔡廣昇，《從消費者保護論廣告者之民事責任》，輔仁大學

法律研究所碩士論文，民國84年6月。

鄭玉波，《民商法問題研究》（四），國立台灣大學法學叢書
（三十八），民國74年9月。

《環華百科全書》（十二），環華出版事業，民國71年8月。

閻紀宇，〈胖得要命，都是速食的錯？〉，《中國時報》，民
國91年7月28日，第三版。

謝心味主編，《突破預售屋買賣陷阱》，永然，民國86年6
月。

謝佳雯，《信用卡約款在消費者保護法上之分析》，台灣大
學法律研究所碩士論文，民國84年6月。

謝銘洋，《智財小六法》，翰蘆，民國90年3月。

〈盛香珍面臨鉅額賠償，菲裔女童吃椰果噎死〉，《自立晚
報》，民國91年8月8日，第四版。

二、英文部分

David G. Epstein, *Consumer Protection in A Nutshell*
(West Publishing Co. 1978)

Richard E. Speidel, Robert S. Summers & Fames J.
White, *Teaching Materials on Commerical &
Consumer Law* (West Publishing Co. 1978).

三、參考網站

http://www.consumer.org.tw

http://www.cpc.gov.tw

http://www.cpc.gov.tw/63.htm#2

http://www.ftc.gov.tw

http://www.houseweb.com.tw/168/default.php?action=viewSecPage&MemID=635&table_num=3

http://www.law.taipei.gov.tw/app_6.htm

http://www.lawtw.com/cgi_bin/bddorad/topic.cgi?fourm=34&topic=8

http://www.net080.com.tw/

http://www.onhome.com.tw/tropic/law/law_05_5.htm

http://www.tacocity.com.tw/cwa/index.htm

http://www.tpg.gov.tw

http://www.trade.gov.tw/impt_issue/impt_6/ec-rept14-2.htm

http://www.7top.com.tw/new/New9007/new90073004.htm

附錄

附錄一　消費者保護法

中華民國八十三年一月十一日總統華總字義字第○一六五號令公布

第一章　總　則

第一條

　　為保護消費者權益，促進國民消費生活安全，提升國民消費生活品質，特制定本法。

　　有關消費者之保護，依本法之規定，本法未規定者，適用其他法律。

第二條

　　本法所用名詞定義如下：

一、消費者：指以消費為目的而為交易、使用商品或接受服務者。

二、企業經營者：指以設計、生產、製造、輸入、經銷商品或提供服務為營業者。

三、消費關係：指消費者與企業經營者間就商品或
　　服務所發生之法律關係。

四、消費爭議：指消費者與企業經營者間因商品或
　　服務所生之爭議。

五、消費訴訟：指因消費關係而向法院提起之訴
　　訟。

六、消費者保護團體：指以保護消費者為目的而依
　　法設立登記之法人。

七、定型化契約：指企業經營者為與不特定多數人
　　訂立契約之用而單方預先擬定之契約條款。

八、郵購買賣：指企業經營者以郵寄或其他遞送方
　　式，而為商品買賣之交易形態。

九、訪問買賣：指企業經營者未經邀約而在消費者
　　之住居所或其他場所從事銷售，而發生之買賣
　　行為。

十、分期付款：指買賣契約約定消費者支付頭期
　　款，餘款分期支付，而企業經營者於收受頭期
　　款時，交付標的物予消費者之交易形態。

第三條

　　政府為達成本法目的，應實施下列措施，並應就與
下列事項有關之法規及其執行情形，定期檢討、協調、
改進之：

　　一、維護商品或服務之品質與安全衛生。

二、防止商品或服務損害消費者之生命、身體、健
　　康、財產或其他權益。

三、確保商品或服務之標示，符合法令規定。

四、確保商品或服務之廣告，符合法令規定。

五、確保商品或服務之度量衡，符合法令規定。

六、促進商品或服務維持合理價格。

七、促進商品之合理包裝。

八、促進商品或服務之公平交易。

九、扶植、獎助消費者保護團體。

十、協調處理消費爭議。

十一、推行消費者教育。

十二、辦理消費者諮詢服務。

十三、其他依消費生活之發展所必要之消費者保護
　　　措施。政府為達成前項之目的，應制定相關
　　　法律。

第四條

　　企業經營者對於其提供之商品或服務，應重視消費
者之健康與安全，並向消費者說明商品或服務之使用方
法，維護交易之公平，提供消費者充分與正確之資訊，
及實施其他必要之消費者保護措施。

第五條

　　政府、企業經營者及消費者均應致力充實消費資

訊，提供消費者運用，俾能採取正確合理之消費行為，以維護其安全與權益。

第六條

本法所稱之主管機關：中央為目的事業主管機關；省（市）為省（市）政府；縣（市）為縣（市）政府。

第二章　消費者權益

第一節　健康與安全保障

第七條

從事設計、生產、製造商品或提供服務之企業經營者，應確保其提供之商品或服務，無安全或衛生上之危險。商品或服務具有危害消費者生命、身體、健康、財產之可能者，應於明顯處為警告標示及緊急處理危險之方法。企業經營者違反前二項規定，致生損害於消費者或第三人時，應負連帶賠償責任。但企業經營者能證明其無過失者，法院得減輕其賠償責任。

第八條

從事經銷之企業經營者，就商品或服務所生之損害，與設計、生產、製造商品或提供服務之企業經營者連帶負賠償責任。但其對於損害之防免已盡相當之注

意，或縱加以相當之注意而仍不免發生損害者，不在此限。前項之企業經營者，改裝、分裝商品或變更服務內容者，視為前條之企業經營者。

第九條

輸入商品或服務之企業經營者，視為該商品之設計、生產、製造者或服務之提供者，負本法第七條之製造者責任。

第十條

企業經營者於有事實足認其提供之商品或服務有危害消費者安全與健康之虞時，應即回收該批商品或停止其服務。但企業經營者所為必要之處理，足以除去其危害者，不在此限。商品或服務有危害消費者生命、身體、健康或財產之虞，而未於明顯處為警告標示，並附載危險之緊急處理方法者，準用前項規定。

第二節　定型化契約

第十一條

企業經營者在定型化契約中所用之條款，應本平等互惠之原則。

定型化契約條款如有疑義時，應為有利於消費者之解釋。

第十二條

定型化契約中之條款違反誠信原則，對消費者顯失公平者，無效。

定型化契約中之條款有下列情形之一者，推定其顯失公平：

一、違反平等互惠原則者。

二、條款與其所排除不予適用之任意規定之立法意旨顯相矛盾者。

三、契約之主要權利或義務，因受條款之限制，致契約之目的難以達成者。

第十三條

契約之一般條款未經記載於定型化契約中者，企業經營者應向消費者明示其內容；明示其內容顯有困難者，應以顯著之方式，公告其內容，並經消費者同意受其拘束者，該條款即為契約之內容。

前項情形，企業經營者經消費者請求，應給予契約一般條款之影本或將該影本附為該契約之附件。

第十四條

契約之一般條款未經記載於定型化契約中而依正常情形顯非消費者所得預見者，該條款不構成契約之內容。

第十五條

定型化契約中之一般條款牴觸非一般條款之約定者，其牴觸部分無效。

第十六條

定型化契約中之一般條款，全部或一部無效或不構成契約內容之一部者，除去該部分，契約亦可成立者，該契約之其他部分，仍為有效。

但對當事人之一方顯失公平者，該契約全部無效。

第十七條

中央主管機關得選擇特定行業，公告規定其定型化契約應記載或不得記載之事項。

違反前項公告之定型化契約之一般條款無效。該定型化契約之效力依前條規定定之。

企業經營使用定型化契約者，主管機關得隨時派員查核。

第三節　　特種買賣

第十八條

企業經營者為郵購買賣或訪問買賣時，應將其買賣之條件、出賣人之姓名、名稱、負責人、事務所或住居所告知買受之消費者。

第十九條

　　郵購或訪問買賣之消費者，對所收受之商品不願買受時，得於收受商品後七日內，退回商品或以書面通知企業經營者解除買賣契約，無須說明理由及負擔任何費用或價款。

　　郵購或訪問買賣違反前項規定所為之約定無效。

　　契約經解除者，企業經營者與消費者間關於回復原狀之約定，對於消費者較民法第二百五十九條之規定不利者，無效。

第二十條

　　未經消費者要約而對之郵寄或投遞之商品，消費者不負保管義務。

　　前項物品之寄送人，經消費者於相當期限通知取回而逾期未取回或無法通知者，視為拋棄其寄投之商品。雖未經通知，但在寄送後逾一個月未經消費者表示承諾，而仍不取回其商品者，亦同。

　　消費者得請求償還因寄送物所受之損害，及處理寄送物所支出之必要費用。

第二十一條

　　企業經營者與消費者分期付款買賣契約應以書面為之。

　　前項契約書應載明下列事項：

一、頭期款。

二、各期價款與其他附加費用合計之總價款與現金
　　交易價格之差額。

三、利率。

企業經營者未依前項規定記載利率者，其利率按現金交易價格週年利率百分之五計算之。

企業經營者違反第二項第一款、第二款之規定者，消費者不負現金交易價格以外價款之給付義務。

第四節　消費資訊之規範

第二十二條

企業經營者應確保廣告內容之眞實，其對消費者所負之義務不得低於廣告之內容。

第二十三條

刊登或報導廣告之媒體經營者明知或可得而知廣告內容與事實不符者，就消費者因信賴該廣告所受之損害與企業經營者負連帶責任。

前項損害賠償責任，不得預先約定限制或拋棄。

第二十四條

企業經營者應依商品標示法等法令爲商品或服務之標示。

輸入之商品或服務，應附中文標示及說明書，其內

容不得較原產地之標示及說明書簡略。

輸入之商品或服務在原產地附有警告標示者，準用前項之規定。

第二十五條

企業經營者對消費者保證商品或服務之品質時，應主動出具書面保證書。

前項保證書應載明下列事項：

一、商品或服務之名稱、種類、數量，其有製造號碼或批號者，其製造號碼或批號。

二、保證之內容。

三、保證期間及其起算方法。

四、製造商之名稱、地址。

五、由經銷商售出者，經銷商之名稱、地址。

六、交易日期。

第二十六條

企業經營者對於所提供之商品應按其性質及交易習慣，為防震、防潮、防塵或其他保存商品所必要之包裝，以確保商品之品質與消費者之安全。但不得誇張其內容或為過大之包裝。

第三章　消費者保護團體

第二十七條

消費者保護團體以社團法人或財團法人為限。

消費者保護團體應以保護消費者權益、推行消費者教育為宗旨。

第二十八條

消費者保護團體之任務如下：

一、商品或服務價格之調查、比較、研究、發表。

二、商品或服務品質之調查、檢驗、研究、發表。

三、商品標示及其內容之調查、比較、研究、發表。

四、消費資訊之諮詢、介紹與報導。

五、消費者保護刊物之編印發行。

六、消費者意見之調查、分析、歸納。

七、接受消費者申訴，調解消費爭議。

八、處理消費爭議，提起消費訴訟。

九、建議政府採取適當之消費者保護立法或行政措施。

十、建議企業經營者採取適當之消費者保護措施。

十一、其他有關消費者權益之保護事項。

第二十九條

消費者保護團體為從事商品或服務檢驗，應設置與檢驗項目有關之檢驗設備或委託設有與檢驗項目有關之檢驗設備之機關、團體檢驗之。

執行檢驗人員應製作檢驗記錄，記載取樣、使用之檢驗設備、檢驗方法、經過及結果，提出於該消費者保護團體。

第三十條

政府對於消費者保護之立法或行政措施，應徵詢消費者保護團體、相關行業、學者專家之意見。

第三十一條

消費者保護團體為商品或服務之調查、檢驗時，得請求政府予以必要之協助。

第三十二條

消費者保護團體辦理消費者保護工作成績優良者，主管機關得予以財務上之獎助。

第四章　行政監督

第三十三條

直轄市或縣（市）政府認為企業經營者提供之商品或服務有損害消費者生命、身體、健康或財產之虞者，

應即進行調查。於調查完成後，得公開其經過及結果。

　　前項人員爲調查時，應出示有關證件，其調查得依下列方式進行：

　　一、向企業經營者或關係人查詢。

　　二、通知企業經營者或關係人到場陳述意見。

　　三、通知企業經營者提出資料證明該商品或服務對於消費者生命、身體、健康或財產無損害之虞。

　　四、派員前往企業經營者之事務所、營業所或其他有關場所進行調查。

　　五、必要時，得就地抽樣商品，加以檢驗。

第三十四條

　　直轄市或縣（市）政府於調查時，對於可爲證據之物，得聲請檢察官扣押之。

　　前項扣押，準用刑事訴訟法關於扣押之規定。

第三十五條

　　主管機關辦理檢驗，得委託設有與檢驗項目有關之檢驗設備之消費者保護團體、職業團體或其他有關公私機構或團體辦理之。

第三十六條

　　直轄市或縣（市）政府對於企業經營者提供之商品或服務，經第三十三條之調查，認爲確有損害消費者生

命、身體、健康或財產，或確有損害之虞者，應命其限期改善、回收或銷毀，必要時並得命企業經營者立即停止該商品之設計、生產、製造、加工、輸入、經銷或服務之提供，或採取其他必要措施。

第三十七條

直轄市或縣（市）政府於企業經營者提供之商品或服務，對消費者已發生重大損害或有發生重大損害之虞，而情況危急時，除為前條之處置外，應即在大眾傳播媒體公告企業經營者之名稱、地址、商品、服務，或為其他必要之處置。

第三十八條

中央或省之主管機關認為必要時，亦得為前五條之措施。

第三十九條

消費者保護委員會、省（市）、縣（市）政府各應置消費者保護官若干名。

消費者保護官之任用及職掌由行政院訂定之。

第四十條

行政院為研擬及審議消費者保護基本政策與監督其實施，設消費者保護委員會。

消費者保護委員會以行政院副院長為主任委員，有

關部會首長、全國性消費者保護團體代表、全國性企業
經營者代表及學者、專家爲委員。其組織規程由行政院
定之。

第四十一條

　　消費者保護委員會之職掌如下：

一、消費者保護基本政策及措施之研擬及審議。

二、消費者保護計畫之研擬、修訂及執行成果檢
　　討。

三、消費者保護方案之審議及其執行之推動、聯繫
　　與考核。

四、國內外消費者保護趨勢及其與經濟社會建設有
　　關問題之研究。

五、各部會局署關於消費者保護政策及措施之協調
　　事項。

六、監督消費者保護主管機關及指揮消費者保護官
　　行使職權。

　　消費者保護委員會應將消費者保護之執行結果及有
關資料定期公告。

第四十二條

　　省（市）及縣（市）政府應設消費者服務中心，辦
理消費者之諮詢服務、教育宣導、申訴等事項。

　　直轄市、縣（市）政府消費者服務中心得於轄區內

設分中心。

第五章　消費爭議之處理

第一節　申訴與調解

第四十三條

消費者與企業經營者因商品或服務發生消費爭議時，消費者得向企業經營者、消費者保護團體或消費者服務中心或其分中心申訴。

企業經營者對於消費者之申訴，應於申訴之日起十五日內妥適處理之。

消費者依第一項申訴，未獲妥適處理時，得向直轄市、縣（市）政府消費者保護官申訴。

第四十四條

消費者依前條申訴未能獲得妥適處理時，得向直轄市或縣（市）消費爭議調解委員會申請調解。

第四十五條

直轄市、縣（市）政府應設消費爭議調解委員會，置委員七至十五名。

前項委員以直轄市、縣（市）政府代表、消費者保護官、消費者保護團體代表、企業經營者所屬或相關職

業團體代表充任之，以消費者保護官爲主席，其組織另
定之。

第四十六條

　　調解成立者應作成調解書。

　　前項調解書之作成及效力，準用鄉鎮市調解條例第
二十二條至第二十六條之規定。

第二節　消費訴訟

第四十七條

　　消費訴訟，得由消費關係發生地之法院管轄。

第四十八條

　　高等法院以下各級法院及其分院得設立消費專庭或
指定專人審理消費訴訟事件。

　　法院爲企業經營者敗訴之判決時，得依職權宣告爲
減免擔保之假執行。

第四十九條

　　消費者保護團體許可設立三年以上，經申請消費者
保護委員會評定優良，置有消費者保護專門人員，且合
於下列要件之一，並經消費者保護官同意者，得以自己
之名義，提起第五十條消費者損害賠償訴訟或第五十三
條不作爲訴訟：

一、社員人數五百人以上之社團法人。

二、登記財產總額新台幣一千萬元以上之財團法人。

消費者保護團體依前項規定提起訴訟者，應委任律師代理訴訟。受委任之律師，就該訴訟，不得請求報酬，但得請求償還必要之費用。

消費者保護團體關於其提起之第一項訴訟，有不法行為者，許可設立之主管機關得撤銷其許可。

消費者保護團體評定辦法，由消費者保護委員會另定之。

第五十條

消費者保護團體對於同一之原因事件，致使眾多消費者受害時，得受讓二十人以上消費者損害賠償請求權後，以自己之名義，提起訴訟。消費者得於言詞辯論終結前，終止讓與損害賠償請求權，並通知法院。

前項讓與之損害賠償請求權，包括民法第一九四條、第一九五條第一項非財產上之損害。

前項關於消費者損害賠償請求權之時效利益，應依讓與之各消費者單獨個別計算。

消費者保護團體受讓第二項請求權後，應將訴訟結果所得之賠償，扣除訴訟必要費用後，交付該讓與請求權之消費者。

消費者保護團體就第一項訴訟，不得向消費者請求

報酬。

第五十一條

　　依本法所提之訴訟，因企業經營者之故意所致之損害，消費者得請求損害額三倍以下之懲罰性賠償金；但因過失所致之損害，得請求損害額一倍以下之懲罰性賠償金。

第五十二條

　　消費者保護團體以自己之名義提起第五十條訴訟，其標的價額超過新台幣六十萬元者，超過部分免繳裁判費。

第五十三條

　　消費者保護官或消費者保護團體，就企業經營者重大違反本法有關保護消費者規定之行為，得向法院訴請停止或禁止之。

　　前項訴訟免繳裁判費。

第五十四條

　　因同一消費關係而被害之多數人，依民事訴訟法第四十一條之規定，選定一人或數人起訴請求損害賠償者，法院得徵求原被選定人之同意後公告曉示，其他之被害人得於一定之期間內以書狀表明被害之事實、證據及應受判決事項之聲明，併案請求賠償。其請求之人，

視爲已依民事訴訟法第四十一條爲選定。

前項併案請求之書狀，應以繕本送達於兩造。

第一項之期間，至少應有十日，公告應黏貼於法院牌示處，並登載新聞紙，其費用由國庫墊付。

第五十五條

民事訴訟法第四十八條、第四十九條之規定，於依前條爲訴訟行爲者，準用之。

第六章　罰　則

第五十六條

違反第二十四條、第二十五條或第二十六條規定之一者，經主管機關通知改正而逾期不改正者，處新台幣二萬元以上二十萬元以下罰鍰。

第五十七條

企業經營者拒絕、規避或阻撓主管機關依第三十三條或第三十八條規定所爲之調查者，處新台幣三萬元以上三十萬元以下罰鍰。

第五十八條

企業經營者違反主管機關依第十條、第三十六條或第三十八條所爲之命令者，處新台幣六萬元以上一百五

十萬元以下罰鍰，並得連續處罰。

第五十九條

　　企業經營者有第三十七條規定之情形者，主管機關除依該條及第三十六條之規定處置外，並得對其處新台幣十五萬元以上一百五十萬元以下罰鍰。

第六十條

　　企業經營者違反本法規定情節重大，報經中央主管機關或消費者保護委員會核准者，得命停止營業或勒令歇業。

第六十一條

　　依本法應予處罰者，其他法律有較重處罰之規定時，從其規定；涉及刑事責任者，並應即移送偵查。

第六十二條

　　本法所定之罰鍰，由直轄市或縣（市）主管機關處罰，經限期繳納後，逾期仍未繳納者，移送法院強制執行。

第七章　附　則

第六十三條

　　本法施行細則，由行政院定之。

第六十四條

本法自公布日起施行。

附錄二　消費者保護法施行細則

中華民國八十三年十一月二日行政院台八十三內字四〇七三
一號令發布

第一章　總　則

第一條

　　本細則依消費者保護法（以下簡稱本法）第六十三
條規定訂定之。

第二條

　　本法第二條第二款所稱營業，不以營利為目的者為
限。

第三條

　　本法第二條第八款所稱郵購買賣之交易型態，指企
業經營者以廣播、電視、電話、傳真、目錄之寄送或其
他類似之方法，使消費者未檢視商品而為要約，並經企
業經營者承諾之契約。

第二章　消費者權益

第一節　健康與安全保障

第四條

　　本法第七條所稱商品，指交易客體之不動產或動產，包括最終產品、半成品、原料或零組件。

第五條

　　商品於其流通進入市場，或服務於其提供時，未具通常可合理期待之安全性者，為本法第七條第一項所稱安全或衛生上之危險。

　　但商品或服務已符合當時科技或專業水準者，不在此限。

　　前項所稱未具通常可合理期待之安全性者，應就下列情事認定之：

　　一、商品或服務之標示說明。

　　二、商品或服務可期待之合理使用或接受。

　　三、商品或服務流通進入市場或提供之時期。

　　商品或服務不得僅因其後有較佳之商品或服務，而被視為有安全或衛生之危險。

第六條

　　企業經營者主張其商品於流通進入市場，或服務於其提供時，符合當時科技或專業水準者，就其主張之事實負舉證責任。

第七條

　　本法第七條第三項所定企業經營者對消費者或第三人之損害賠償責任，不得預先約定限制或拋棄。

第八條

　　本法第八條第二項所稱改裝，指變更、減少或增加商品原設計、生產或製造之內容或包裝。

第二節　定型化契約

第九條

　　本法所稱定型化契約條款不限於書面，其以放映字幕、張貼、牌示或其他方法表示者，亦屬之。

第十條

　　本法所稱一般條款，指企業經營者為與不特定多數人訂立契約之用，而單方預先擬定之契約條款。

　　本法第十五條所稱非一般條款，指契約當事人個別磋商而合意之契約條款。

第十一條

企業經營者與消費者訂立定型化契約前,應有三十日以內之合理期間,供消費者審閱全部條款內容。

違反前項規定者,該條款不構成契約之內容。但消費者得主張該條款仍構成契約之內容。

中央主管機關得選擇特定行業,參酌定型化契約條款之重要性、涉及事項之多寡與複雜程度等事項,公告定型化契約之審閱期間。

第十二條

契約之一般條款不論是否記載於定型化契約,如因字體、印刷或其他情事,致難以注意其存在或辨識者,該條款不構成契約之內容。

但消費者得主張該條款仍構成契約之內容。

第十三條

定型化契約條款是否違反誠信原則,對消費者顯失公平,應斟酌契約之性質、締約目的、全部條款內容、交易習慣及其他情事判斷之。

第十四條

定型化契約條款,有下列情事之一者,爲違反平等互惠原則:

一、當事人間之給付與對待給付顯不相當者。

二、消費者應負擔非其所能控制之危險者。

三、消費者違約時，應負擔顯不相當之賠償責任者。

四、其他顯有不利於消費者之情形者。

第十五條

定型化契約記載經中央主管機關公告應記載之事項者，仍有本法關於定型化契約規定之適用。

中央主管機關公告應記載之事項，未經記載於定型化契約者，仍構成契約之內容。

第三節　特種買賣

第十六條

企業經營者應於訂立郵購或訪問買賣契約時，告知消費者本法第十八條所定事項及第十九條第一項之解除權，並取得消費者聲明已受告知之證明文件。

第十七條

消費者因檢查之必要或因不可歸責於自己之事由，致其收受之商品有毀損、滅失或變更者，其解除權不消滅。

第十八條

消費者於收受商品前，亦得依本法第十九條第一項規定，以書面通知企業經營者解除買賣契約。

第十九條

　　消費者以書面通知或退回商品解除契約者，其書面通知之發出或商品之交運，應於本法第十九條第一項所定之七日內為之。

第二十條

　　消費者依本法第十九條第一項規定以書面通知解除契約者，除當事人另有特約外，企業經營者應於通知到達後一個月內，至消費者之住所或營業所取回商品。

第二十一條

　　企業經營者應依契約當事人之人數，將本法第二十一條第一項之契約書作成一式數份，由當事人各持一份。有保證人者，並應交付一份於保證人。

第二十二條

　　本法第二十一條第二項第二款所稱各期價款，指含利息之各期價款。

　　分期付款買賣契約書所載利率，應載明其計算方法及依此計算方法而得之利息數額。

　　分期付款買賣之附加費用，不得併入各期價款計算利息。

　　其經企業經營者同意延期清償或分期給付者，亦同。

第四節　消費資訊之規範

第二十三條

　　本法第二十二條及第二十三條所稱廣告，指利用電視、廣播、影片、幻燈片、報紙、雜誌、傳單、海報、招牌、牌坊、電話傳眞、電子視訊、電子語音、電腦或其他方法，可使不特定多數人知悉其宣傳內容之傳播。

第二十四條

　　主管機關認爲企業經營者之廣告內容誇大不實，足以引人錯誤，有影響消費者權益之虞時，得令企業經營者證明該廣告之眞實性。

第二十五條

　　本法第二十四條規定之標示，應標示於適當位置，使消費者在交易前及使用時均得閱讀標示之內容。

第二十六條

　　企業經營者未依本法第二十五條規定出具書面保證書者，仍應就其保證之品質負責。

第三章　消費者保護團體

第二十七條

　　主管機關每年應將依法設立登記之消費者保護團體名稱、負責人姓名、社員人數或登記財產總額、消費者保護專門人員姓名、會址、聯絡電話等資料，彙報行政院消費者保護委員會公告之。

第二十八條

　　消費者保護團體依本法第二十九條規定，從事商品或服務檢驗所採之樣品，於檢驗記錄完成後，應至少保存三個月。

　　但依其性質不能保存三個月者，不在此限。

第二十九條

　　政府於消費者保護團體依本法第三十一條規定請求協助時，非有正當理由不得拒絕。

第四章　行政監督

第三十條

　　本法第三十三條第二項所稱出示有關證件，指出示

有關執行職務之證明文件；其未出示者，被調查者得拒
絕之。

第三十一條

　　主管機關依本法第三十三條第二項第五款抽樣商品
時，其抽樣數量以足供檢驗之用者爲限。

　　主管機關依本法第三十三條、第三十八條規定，公
開調查經過及結果前，應先就調查經過及結果讓企業經
營者有說明或申訴之機會。

第三十二條

　　主管機關依本法第三十六條或第三十八條規定對於
企業經營者所爲處分，應以書面爲之。

第三十三條

　　依本法第三十六條所爲限期改善、回收或銷毀，除
其他法令有特別規定外，其期間應由主管機關依個案性
質決定之；但最長不得超過六十日。

第三十四條

　　企業經營者經主管機關依本法第三十六條規定命其
就商品或服務限期改善、回收或銷毀者，應將處理過程
及結果函報主管機關備查。

第五章　消費爭議之處理

第三十五條

消費爭議之調解辦法，由行政院消費者保護委員會訂定之。

第三十六條

本法第四十三條第二項規定十五日之期間，以企業經營者接獲申訴之日起算。

第三十七條

本法第四十九條第一項所稱消費者保護專門人員，指該團體專任或兼任之有給職或無給職人員中，具有下列資格或經歷之一者：

一、曾任法官、檢察官或消費者保護官者。

二、律師、醫師、建築師、會計師或其他執有全國專門職業證照之專業人士，且曾在消費者保護團體服務一年以上者。

三、曾在消費者保護團體擔任保護消費者工作三年以上者。

第三十八條

消費者保護團體依本法第五十條第一項提起訴訟後，於言詞辯論終結前，因部分消費者終止讓與損害賠

償請求權，致其餘部分不足二十人者，不影響該訴訟之進行。

第三十九條

　　本法第五十條第四項所稱訴訟必要費用，除依民事訴訟費用法所定費用外，並包括消費者保護團體及律師為進行訴訟所支出之必要費用，與其他依法令應繳納之費用。

第四十條

　　本法第五十三條第一項所稱企業經營者重大違反本法有關保護消費者規定之行為，指企業經營者違反本法有關保護消費者規定之行為，確有損害消費者生命、身體、健康或財產，或確有損害之虞者。

第六章　罰　則

第四十一條

　　依本法第五十六條所為通知改正，其期間應由主管機關依個案性質決定之；但最長不得超過六十日。

第七章　附　則

第四十二條

　　本法對本法施行前已流通進入市場之商品或已提供之服務不適用之。

第四十三條

　　本細則自發布日起施行。

附錄三　公平交易法

第一章　總則

第一條（立法宗旨）

　　為維護交易秩序與消費者利益，確保公平競爭，促進經濟之安定與繁榮，特制定本法；本法未規定者，適用其他有關法律之規定。

第二條（事業之定義）

　　本法所稱事業如下：

一、公司。

二、獨資或合夥之工商行號。

三、同業公會。

四、其他提供商品或服務從事交易之人或團體。

第三條（交易相對人之定義）

　　本法所稱交易相對人，係指與事業進行或成立交易之供給者或需求者。

第四條 （競爭之定義）

本法所稱競爭，謂二以上事業在市場上以較有利之價格、數量、品質、服務或其他條件，爭取交易機會之行為。

第五條 （獨占、視為獨占、特定市場之定義）

本法所稱獨占，謂事業在特定市場處於無競爭狀態，或具有壓倒性地位，可排除競爭之能力者。

二以上事業，實際上不為價格之競爭，而其全體之對外關係，具有前項規定之情形者，視為獨占。

第一項所稱特定市場，係指事業就一定之商品或服務，從事競爭之區域或範圍。

第五條之一 （獨占事業認定標準）

事業無下列各款情形者，不列入前條獨占事業認定範圍：

一、事業在特定市場之占有率達二分之一。

二、事業全體在特定市場之占有率達三分之二。

三、事業全體在特定市場之占有率達四分之三。

有前項各款情形之一，其個別事業在該特定市場占有率未達十分之一或上一會計年度事業總銷售金額未達新台幣十億元者，該事業不列入獨占事業之認定範圍。

事業之設立或事業所提供之商品或服務進入特定市場，受法令、技術之限制或有其他足以影響市場供需可

排除競爭能力之情事者，雖有前二項不列入認定範圍之
情形，中央主管機關仍得認定其爲獨占事業。

第六條 （結合之定義）

本法所稱結合，謂事業有左列情形之一者而言：

一、與他事業合併者。

二、持有或取得他事業之股份或出資額，達到他事
　　業有表決權股份或資本總額三分之一以上者。

三、受讓或承租他事業全部或主要部分之營業或財
　　產者。

四、與他事業經常共同經營或受他事業委託經營
　　者。

五、直接或間接控制他事業之業務經營或人事任免
　　者。

計算前項第二款之股份或出資額時，應將與該事業
具有控制與從屬關係之事業所持有或取得他事業之股份
或出資額一併計入。

第七條 （聯合行爲之定義）

本法所稱聯合行爲，謂事業以契約、協議或其他方
式之合意，與有競爭關係之他事業共同決定商品或服務
之價格，或限制數量、技術、產品、設備、交易對象、
交易地區，相互約束事業活動之行爲而言。

前項所稱聯合行爲，以事業在同一產銷階段之水平

聯合，足以影響生產、商品交易或服務供需之市場功能者為限。

第一項所稱其他方式之合意，指契約、協議以外之意思聯絡，不問有無法律拘束力，事實上可導致共同行為者。

同業公會藉章程或會員大會、理、監事會議決議或其他方法所為約束事業活動之行為，亦為第二項之水平聯合。

第八條（多層次傳銷、多層次傳銷事業及參加人之定義）

本法所稱多層次傳銷，謂就推廣或銷售之計畫或組織，參加人給付一定代價，以取得推廣、銷售商品或勞務及介紹他人參加之權利，並因而獲得佣金、獎金或其他經濟利益者而言。

前項所稱給付一定代價，謂給付金錢、購買商品、提供勞務或負擔債務。

本法所稱多層次傳銷事業，係指就多層次傳銷訂定營運計畫或組織，統籌規畫傳銷行為之事業。

外國事業之參加人或第三人，引進該事業之多層次傳銷計畫或組織者，視為前項之多層次傳銷事業。

本法所稱參加人如下：

一、加入多層次傳銷事業之計畫或組織，推廣、銷售商品或勞務，並得介紹他人參加者。

二、與多層次傳銷事業約定，於累積支付一定代價後，始取得推廣、銷售商品或勞務及介紹他人參加之權利者。

第九條（主管機關）

本法所稱主管機關：在中央爲行政院公平交易委員會；在直轄市爲直轄市政府；在縣（市）爲縣（市）政府。

本法規定事項，涉及他部會之職掌者，由行政院公平交易委員會商同各該部會辦理之。

第二章　獨占、結合、聯合行爲

第十條（獨占事業禁止行為）

獨占之事業，不得有左列行爲：

一、以不公平之方法，直接或間接阻礙他事業參與競爭。

二、對商品價格或服務報酬，爲不當之決定、維持或變更。

三、無正當理由，使交易相對人給予特別優惠。

四、其他濫用市場地位之行爲。

第十一條（事業結合之申報門檻、等待期間及其例外）

事業結合時，有左列情形之一者，應先向中央主管機關提出申報：

一、事業因結合而使其市場占有率達三分之一者。

二、參與結合之一事業，其市場占有率達四分之一者。

三、參與結合之事業，其上一會計年度之銷售金額，超過中央主管機關所公告之金額者。

前項第三款之銷售金額，得由中央主管機關就金融機構事業與非金融機構事業分別公告之。

事業自中央主管機關受理其提出完整申報資料之日起三十日內，不得為結合。但中央主管機關認為必要時，得將該期間縮短或延長，並以書面通知申報事業。

中央主管機關依前項但書延長之期間，不得逾三十日；對於延長期間之申報案件，應依第十二條規定作成決定。

中央主管機關屆期未為第三項但書之延長通知或前項之決定者，事業得逕行結合。但有下列情形之一者，不得逕行結合：

一、經申報之事業同意再延長期間者。

二、事業之申報事項有虛偽不實者。

第十一條之一　（事前申報之除外適用）

　　前條第一項之規定，於左列情形不適用之：

一、參與結合之一事業已持有他事業達百分之五十以上之有表決權股份或出資額，再與該他事業結合者。

二、同一事業所持有有表決權股份或出資額達百分之五十以上之事業間結合者。

三、事業將其全部或主要部分之營業、財產或可獨立營運之全部或一部營業，讓與其獨自新設之他事業者。

四、事業依公司法第一百六十七條第一項但書或證券交易法第二十八條之二規定收回股東所持有之股份，致其原有股東符合第六條第一項第二款之情形者。

第十二條　（申報案件之決定及附款）

　　對於事業結合之申報，如其結合，對整體經濟利益大於限制競爭之不利益者，中央主管機關不得禁止其結合。

　　中央主管機關對於第十一條第四項申報案件所為之決定，得附加條件或負擔，以確保整體經濟利益大於限制競爭之不利益。

第十三條 （違法結合及未履行附款之處分）

事業違反第十一條第一項、第三項規定而為結合，或申報後經中央主管機關禁止其結合而為結合，或未履行前條第二項對於結合所附加之負擔者，中央主管機關得禁止其結合、限期命其分設事業、處分全部或部分股份、轉讓部分營業、免除擔任職務或為其他必要之處分。

事業違反中央主管機關依前項所為之處分者，中央主管機關得命解散、停止營業或勒令歇業。

第十四條 （聯合行為之禁止、例外許可及其核駁期
　　　　　限）

事業不得為聯合行為。但有左列情形之一，而有益於整體經濟與公共利益，經申請中央主管機關許可者，不在此限：

一、為降低成本、改良品質或增進效率，而統一商
　　品規格或型式者。

二、為提高技術、改良品質、降低成本或增進效
　　率，而共同研究開發商品或市場者。

三、為促進事業合理經營，而分別作專業發展者。

四、為確保或促進輸出，而專就國外市場之競爭予
　　以約定者。

五、為加強貿易效能，而就國外商品之輸入採取共
　　同行為者。

六、經濟不景氣期間，商品市場價格低於平均生產

成本，致該行業之事業難以繼續維持或生產過
剩，爲有計畫適應需求而限制產銷數量、設備
或價格之共同行爲者。

七、爲增進中小企業之經營效率，或加強其競爭能
力所爲之共同行爲者。

中央主管機關收受前項之申請，應於三個月內爲核
駁之決定；必要時得延長一次。

第十五條 （聯合行為許可之附款及許可期限）

中央主管機關爲前條之許可時，得附加條件、限制
或負擔。

許可應附期限，其期限不得逾三年；事業如有正當
理由，得於期限屆滿前三個月內，以書面向中央主管機
關申 請延展；其延展期限，每次不得逾三年。

第十六條 （得廢止、變更聯合行為許可之情形）

聯合行爲經許可後，如因許可事由消滅、經濟情況
變更或事業有逾越許可之範圍行爲者，中央主管機關得
廢止許可、變更許可內容、命令停止、改正其行爲或採
取必要更正措施。

第十七條 （聯合行為許可事項之登記及刊載公報）

中央主管機關對於前三條之許可、條件、限制、負
擔、期限及有關處分，應設置專簿予以登記，並刊載政
府公報。

第三章　不公平競爭

第十八條（約定轉售價格）

　　事業對於其交易相對人，就供給之商品轉售與第三人或第三人再轉售時，應容許其自由決定價格；有相反之約定者，其約定無效。

第十九條（限制競爭或妨礙公平競爭之虞行為）

　　有下列各款行為之一，而有限制競爭或妨礙公平競爭之虞者，事業不得為之：

一、以損害特定事業為目的，促使他事業對該特定事業斷絕供給、購買或其他交易之行為。

二、無正當理由，對他事業給予差別待遇之行為。

三、以脅迫、利誘或其他不正當之方法，使競爭者之交易相對人與自己交易之行為。

四、以脅迫、利誘或其他不正當方法，使他事業不為價格之競爭、參與結合或聯合之行為。

五、以脅迫、利誘或其他不正當方法，獲取他事業之產銷機密、交易相對人資料或其他有關技術秘密之行為。

六、以不正當限制交易相對人之事業活動為條件，而與其交易之行為。

第二十條（仿冒表徵或外國著名商標）

　　事業就其營業所提供之商品或服務，不得有左列行為：

一、以相關事業或消費者所普遍認知之他人姓名、商號或公司名稱、商標、商品容器、包裝、外觀或其他顯示他人商品之表徵，為相同或類似之使用，致與他人商品混淆，或販賣、運送、輸出或輸入使用該　項表徵之商品者。

二、以相關事業或消費者所普遍認知之他人姓名、商號或公司名稱、標章或其他表示他人營業、服務之表徵，為相同或類似之使用，致與他人營業或服務之設施或活動混淆者。

三、於同一商品或同類商品，使用相同或近似於未經註冊之外國著名商標，或販賣、運送、輸出或輸入使用該項商標之商品者。

前項規定，於下列各款行為不適用之：

一、以普通使用方法，使用商品本身習慣上所通用之名稱，或交易上同類商品慣用之表徵，或販賣、運送、輸出或輸入使用該名稱或表徵之商品者。

二、以普通使用方法，使用交易上同種營業或服務慣用名稱或其他表徵者。

三、善意使用自己姓名之行為，或販賣、運送、輸

出或輸入使用該姓名之商品。

四、對於前項第一款或第二款所列之表徵，在未為
相關 事業或消費者所普遍認知前，善意為相同
或類似使用，或其表徵之使用係自該善意使用
人連同其營業一併繼受而使用，或販賣、運
送、輸出或輸入使用 該表徵之商品者。

事業因他事業為前項第三款或第四款之行為，致其
營業、商品、設施或活動有受損害或混淆之虞者，得請
求他事業附加適當表徵。但對僅為運送商品者，不適用
之。

第二十一條 （虛偽不實或引人錯誤之表示或表徵）

事業不得在商品或其廣告上，或以其他使公眾得知
之方法，對於商品之價格、數量、品質、內容、製造方
法、製造日期、有效期限、使用方法、用途、原產地、
製造者、製造地、加工者、加工地等，為虛偽不實或引
人錯誤之表示或表徵。

事業對於載有前項虛偽不實或引人錯誤表示之商
品，不得販賣、運送、輸出或輸入。

前二項規定於事業之服務準用之。

廣告代理業在明知或可得知情況下，仍製作或設計
有引人錯誤之廣告，與廣告主負連帶損害賠償責任。廣
告媒體業在明知或可得知其所傳播或刊載之廣告有引人
錯誤之虞，仍予傳播或刊載，亦與廣告主負連帶損害賠

償責任。

第二十二條（營業誹謗之禁止）

事業不得爲競爭之目的，而陳述或散布足以損害他人營業信譽之不實情事。

第二十三條（變質多層次傳銷之禁止）

多層次傳銷，其參加人如取得佣金、獎金或其他經濟利益，主要係基於介紹他人加入，而非基於其所推廣或銷售商品或勞務之合理市價者，不得爲之。

第二十三條之一（多層次傳銷參加人解除契約）

多層次傳銷參加人得自訂約日起十四日內以書面通知多層次傳銷事業解除契約。多層次傳銷事業應於契約解除生效後三十日內，接受參加人退貨之申請，取回商品或由參加人自行送回商品，並返還參加人於契約解除時所有商品之進貨價金及其他加入時給付之費用。

多層次傳銷事業依前項規定返還參加人所爲之給付時，得扣除商品返還時已因可歸責於參加人之事由致商品毀損滅失之價值，及已因該進貨而對參加人給付之獎金或報酬。

前項之退貨如係該事業取回者，並得扣除取回該商品所需運費。

第二十三條之二 （多層次傳銷參加人終止契約）

參加人於前條第一項解約權期間經過後，仍得隨時以書面終止契約，退出多層次傳銷計畫或組織。

參加人依前項規定終止契約後三十日內，多層次傳銷事業應以參加人原購價格百分之九十買回參加人所持有之商品。但得扣除已因該項交易而對參加人給付之獎金或報酬，及取回商品之價值有減損時，其減損之價額。

第二十三條之三 （多層次傳銷事業請求損害賠償或違約金之限制）

參加人依前二條行使解除權或終止權時，多層次傳銷事業不得向參加人請求因該契約解除或終止所受之損害賠償或違約金。

前二條關於商品之規定，於提供勞務者準用之。

第二十三條之四 （多層次傳銷管理辦法）

有關多層次傳銷事業之報備、業務檢查、財務報表應經會計師簽證並對外揭露、對參加人應告知之事項、參加契約內容、參加人權益保障、重大影響參加人權益之禁止行為，及對參加人之管理義務等相關事項之辦法，由中央主管機關定之。

第二十四條 （其他欺罔或顯失公平行為）

除本法另有規定者外，事業亦不得為其他足以影響

交易秩序之欺罔或顯失公平之行為。

第四章　公平交易委員會

第二十五條 （公平交易委員會之職掌）

　　為處理本法有關公平交易事項，行政院應設置公平交易委員會，其職掌如左：

　　一、關於公平交易政策及法規之擬訂事項。

　　二、關於審議本法有關公平交易事項。

　　三、關於事業活動及經濟情況之調查事項。

　　四、關於違反本法案件之調查、處分事項。

　　五、關於公平交易之其他事項。

第二十六條 （依檢舉或依職權調查處理）

　　公平交易委員會對於違反本法規定，危害公共利益之情事，得依檢舉或職權調查處理。

第二十七條 （調查之程序）

　　公平交易委員會依本法為調查時，得依下列程序進行：

　　一、通知當事人及關係人到場陳述意見。

　　二、通知有關機關、團體、事業或個人提出帳冊、文件及其他必要之資料或證物。

　　三、派員前往有關團體或事業之事務所、營業所或

其他場所為必要之調查。

執行調查之人員依法執行公務時，應出示有關執行職務之證明文件；其未出示者，受調查者得拒絕之。

第二十七條之一（卷宗閱覽及閱卷辦法）

當事人或關係人於前條調查程序進行中，除有左列情形之一者外，為主張或維護其法律上利益之必要，得申請閱覽、抄寫、複印或攝影有關資料或卷宗：

一、行政決定前之擬稿或其他準備作業文件。

二、涉及國防、軍事、外交及一般公務機密，依法規規定有保密之必要者。

三、涉及個人隱私、職業秘密、營業秘密，依法規規定有保密之必要者。

四、有侵害第三人權利之虞者。

五、有嚴重妨礙社會治安、公共安全或其他公共利益之職務正常進行之虞者。

前項申請人之資格、申請時間、資料或卷宗之閱覽範圍、進行方式等相關程序事項及其限制，由中央主管機關定之。

第二十八條（獨立行使職權）

公平交易委員會依法獨立行使職權，處理有關公平交易案件所為之處分，得以委員會名義行之。

第二十九條 （公平交易委員會之組織）

　　公平交易委員會之組織，另以法律定之。

第五章　損害賠償

第三十條 （除去侵害請求權及防止侵害請求權）

　　事業違反本法之規定，致侵害他人權益者，被害人得請求除去之；有侵害之虞者，並得請求防止之。

第三十一條 （損害賠償責任）

　　事業違反本法之規定，致侵害他人權益者，應負損害賠償責任。

第三十二條 （賠償額之酌定）

　　法院因前條被害人之請求，如為事業之故意行為，得依侵害情節，酌定損害額以上之賠償。但不得超過已證明損害額之三倍。

　　侵害人如因侵害行為受有利益者，被害人得請求專依該項利益計算損害額。

第三十三條 （消滅時效）

　　本章所定之請求權，自請求權人知有行為及賠償義務人時起，二年間不行使而消滅；自為行為時起，逾十年者亦同。

第三十四條（判決書之登載新聞紙）

被害人依本法之規定，向法院起訴時，得請求由侵害人負擔費用，將判決書內容登載新聞紙。

第六章　罰則

第三十五條（罰則一）

違反第十條、第十四條、第二十條第一項規定，經中央主管機關依第四十一條規定限期命其停止、改正其行為，或採取必要更正措施，而逾期未停止、改正其行為，或未採取必要更正措施，或停止後再為相同或類似違反行為者，處行為人三年以下有期徒刑、拘役或科或併科新台幣一億元以下罰金。

違反第二十三條規定者，處行為人三年以下有期徒刑、拘役或科或併科新台幣一億元以下罰金。

第三十六條（罰則二）

違反第十九條規定，經中央主管機關依第四十一條規定限期命其停止、改正其行為或採取必要更正措施，而逾期未停止、改正其行為或未採取必要更正措施，或停止後再為相同或類似違反行為者，處行為人二年以下有期徒刑、拘役或科或併科新台幣五千萬元以下罰金。

第三十七條（罰則三）

違反第二十二條規定者，處行為人二年以下有期徒刑、拘役或科或併科台幣五千萬元以下罰金。

前項之罪，須告訴乃論。

第三十八條（法人科處罰金之情形）

法人犯前三條之罪者，除依前三條規定處罰其行為人外，對該法人亦科以各該條之罰金。

第三十九條（法律競合時法條之適用）

前四條之處罰，其他法律有較重之規定者，從其規定。

第四十條（罰則四）

事業違反第十一條第一項、第三項規定而為結合，或申報後經中央主管機關禁止其結合而為結合，或未履行第十二條第二項對於結合所附加之負擔者，除依第十三條規定處分外，處新台幣十萬元以上五千萬元以下罰鍰。

事業結合有第十一條第五項但書第二款規定之情形者，處新台幣五萬元以上五十萬元以下罰鍰。

第四十一條（罰則五）

公平交易委員會對於違反本法規定之事業，得限期命其 停止、改正其行為或採取必要更正措施，並得處新

台幣五萬元以上二千五百萬元以下罰鍰；逾期仍不停止、改正其行為或未採取必要更正措施者，得繼續限期命其停止、改正其行為，或採取必要更正措施，並按次連續處新台幣十萬元以上五千萬元以下罰鍰，至停止、改正其行為或採取必要更正措施為止。

第四十二條 （罰則六）

違反第二十三條規定者，除依第四十一條規定處分外，其情節重大者，並得命令解散、停止營業或勒令歇業。

違反第二十三條之一第二項、第二十三條之二第二項或第二十三條之三規定者，得限期命其停止、改正其行為或採取必要更正措施，並得處新台幣五萬元以上二千五百萬元以下罰鍰。逾期仍不停止、改正其行為或未採取必要更正措施者，得繼續限期命其停止、改正其行為或採取必要更正措施，並按次連續處新台幣十萬元以上五千萬元以下罰鍰，至停止、改正其行為或採取必要更正措施為止；其情節重大者，並得命令解散、停止營業或勒令歇業。

違反中央主管機關依第二十三條之四所定之管理辦法者，依第四十一條規定處分。

第四十二條之一 （停止營業之期間）

依本法所處停止營業之期間，每次以六個月為限。

第四十三條 （罰則七）

公平交易委員會依第二十七條規定進行調查時，受調查者於期限內如無正當理由拒絕調查、拒不到場陳述意見，或拒不提出有關帳冊、文件等資料或證物者，處新臺幣二萬元以上二十五萬元以下罰鍰；受調查者再經通知，無正當理由連續拒絕者，公平交易委員會得繼續通知調查，並按次連續處新台幣五萬元以上五十萬元以下罰鍰，至接受調查、到場陳述意見或提出有關帳冊、文件等資料或證物為止。

第四十四條 （強制執行）

依前四條規定所處罰鍰，拒不繳納者，移送法院強制執行。

第七章　附則

第四十五條 （不適用本法之情形）

依照著作權法、商標法或專利法行使權利之正當行為，不適用本法之規定。

第四十六條 （本法與其他法律競合適用之情形）

事業關於競爭之行為，另有其他法律規定者，於不牴觸本法立法意旨之範圍內，優先適用該其他法律之規定。

第四十七條 （未經認許之外國法人或團體）

　　未經認許之外國法人或團體，就本法規定事項得為告訴、自訴或提起民事訴訟。但以依條約或其本國法令、慣例，中華民國人或團體得在該國享受同等權利者為限；其由團體或機構互訂保護之協議，經中央主管機關核准者亦同。

第四十八條 （施行細則）

　　本法施行細則，由中央主管機關定之。

第四十九條 （施行日期）

　　本法自公布後一年施行。

　　本法修正條文自公布日起施行。

附錄四　公平交易法增修條文

公平交易法增修條文：

第二十一條

　　事業不得在商品或其廣告上，或以其他使用公眾得知之方法，對於商品之價格、數量、品質、內容、製造方法、製造日期、有效期限、使用方法、用途、原產地、製造者、製造地、加工者、加工地等，為虛偽不實或引人錯誤之表示或表徵。事業對於載有前項虛偽不實或引人錯誤表示之商品，不得販賣、運送、輸出或輸入。

　　前二項規定，於事業之服務準用之。

　　廣告代理業在明知或可得知情況下，仍製作或設計有引人錯誤之廣告，與廣告主負連帶損害賠償責任。廣告媒體業在明知或可得知其所傳播或刊載之廣告有引人錯誤之虞，仍予傳播或刊載，亦與廣告主負連帶損害賠償責任。

第二十四條

　　除本法另有規定者外，事業亦不得為其他足以影響交易秩序之欺罔或顯失公平之行為。

附錄五　個人購車及購屋貸款定型化契約範本

本契約於中華民國　　年　　月　　日經客戶攜回審閱
（契約審閱期間至少五日）

立約人甲方（借　款　人）
　　　　乙方（金融機構）
雙方約定遵守下列各條款：

　　甲方向乙方借款新台幣○○○○○元整，由乙方依
下列方式之一撥款，作為借款之交付：

□　甲方在乙方開設之○○存款第○○○○○號帳戶。

□　按甲方指定之方式○○○撥款。

本借款期間○○年○○月，自民國○○年○○月○○日
起至民國○○年○○月○○日止。

本借款還本付息方式如下：

□　自實際撥款日起，按月每月付息一次，到期日（○
○年○○月○○日）還清本金。

□　自實際撥款日起，依年金法，按月攤還本息。

□　自實際撥款日起，本金按月平均攤還，利息按月計
付。

□　自實際撥款日起，前○年（□個月）按月付息，自
　　第○年（□個月）起，再依年金法按月攤還本息。

□　（由甲方與乙方個別約定）

乙方應提供甲方借款本息計算方式及攤還表，如經甲方
請求時，乙方並應告知查詢方式。

如未依第一項約定時，自實際撥款日起，依年金法按月
攤還本息。但甲方得隨時請求改依第一項所列方式之一
還本付息。

本借款除第一項償還方式外，得於本借款未到期前分次
或一次償還借款本金。

　本借款之利息計付方式如下：

□　按乙方方基本放款利率○％加（減）年利率○％計
　　算（或加減○碼）計為年利率○％；嗣後隨乙方基本放
　　款利率調整而調整，並自調整後之第一個繳款日起，按
　　調整後之年利率計算。

□　按乙方基本放款利率○％加（減）年利率○％計算
　　（或加減○碼）計為年利率○％；嗣後隨乙方基本放款利
　　率調整而調整，並自調整日起，按調整後之年利率計
　　算。

□　固定利率，按年利率○％計算。

□　（由甲方與乙方個別約定）

如未依前項約定時，以年利率五％計算。

　乙方調整基本放款利率時，應將調整後之基本放款利

率告知甲方，如未告知，利率調升時，仍按原約定利率計算利息、遲延利息或違約金；利率調降時，則按調降之利率計算利息、遲延利息或違約金（上開告知方式，不得僅以於營業場所公告之方式爲之，須另佐以其他方式爲告知，例如：電話通知、書面通知或電子郵件等）。乙方調整基本放款利率時，甲方得請求乙方提供該筆借款按調整後放款利率計算之本息攤還方式及本息攤還表。

甲方如遲延還本或付息時，本金自到期日起，利息自付息日起，照應還款額，逾期在○個月（含）以內者，按本借款利率之百分之○，逾期○個月以上者，就超逾○個月之部分，按本借款利率百分之○計付違約金（上述空格處由乙方與甲方自行約定之。惟約定時，利率部分應注意民法第二○四條及同法第二○五條等相關規定）。

甲方不依本契約之約定按期攤付本息時，不問債權債務之期間如何，乙方有權將甲方寄存乙方之各種存款及對乙方之一切債權期前清償，並將期前清償之款項逐行抵銷甲方對乙方所負之一切債務。

甲方之住所或通信處所及乙方之營業所如有變更，應即以書面或雙方約定之通信方法告知對方，如未爲告知，當事人將有關文書於向本契約所載或最後告知對方之通信地址發出後，經通常之郵遞期間即視爲到達。

甲方同意乙方得將甲方與乙方往來之資料提供予財團法人金融聯合徵信中心，惟乙方提供給財團法人金融聯合徵信中心之甲、乙方往來資料有錯誤時，乙方應主動更正並回復原狀。

□乙方僅得於履行契約之目的範圍內，使用甲方提供之各項基本資料。

□乙方以電腦處理前項個人基本資料，應依「電腦處理個人資料保護法」相關規定辦理。

乙方因業務需要，如已將催收業務委外處理，於借款契約訂定時應將上述情事告知甲方；借款契約訂定後乙方將催收業務委外處理時，亦同。

□乙方未依前項規定告知者，應就甲方因此所受損害，負賠償責任。

甲方如對本契約有疑義，可逕與本行服務專線聯絡。（本行之服務專線如下：

□電話：○○○○○○○

□傳真：○○○○○○○

□電子信箱（e-mail）：

□ 其他：　　　　　　　　　）

本借款契約涉訟時，雙方同意以○○地方法院為第一審管轄法院。但不得排除消費者保護法第四十七條或民事訴訟法第四三六條之九小額訴訟管轄法院之適用。

本契約乙式○份，由甲乙雙方各執○份。如有保證人

及其他關係人者，並應交付一份予保證人及其他關係人
（上開契約亦得以註明「與正本完全相符」之影本交甲
方、保證人及其他關係人收執）。

立契約書人　甲方：　　　　　　　　（簽章）
　　　　　　　乙方：　　　　　　　　（簽章）

　　　　　　中華民國　　　年　　　月　　　日

附錄六　處理公平交易法第二十一條案件原則

83.3.31.第151次委員會議通過

85.12.24.第269次委員會議修正全文

86.10.15.第311次委員會議修正二十二(四)、二十三(四)(五)(七)；增訂二十二(二十七)(二十八)(二十九)(三十)、(二十三)(十一)(十二)(十三)(十四)；刪除(二十六)

88.4.6.第387次委員會議修正十六、十六(九)修正為十六(八)；刪除六(三)

88.11.3.第417次委員會議修正十六(六)、二一(七)

91.9.26.第568次委員會議修正全文

91.11.5.公參字第0910010812號函分行

第一章　總則

一、行政院公平交易委員會(以下簡稱本會)為確保事業公平競爭,保障消費者權益,有效執行公平交易法(以下簡稱本法)第二十一條,禁止事業於商品(服

務)或其廣告上，或以其他使公眾得知之方法，爲虛偽不實或引人錯誤之表示或表徵，特訂定本處理原則(以下簡稱本原則)。

二、本法第二十一條所稱商品(服務)，係指具有經濟價值之交易標的暨具有招徠效果之其他非直接屬於交易標的之相關交易事項，包括事業之身分、資格、營業狀況，與他事業、公益團體或政府機關之關係，事業就該交易附帶提供之贈品、贈獎等。

三、本法第二十一條所稱其他使公眾得知之方法，係指得直接或間接使非特定之一般或相關大眾共見共聞之訊息的傳播行爲。

市招、名片、產品(服務)說明會、事業將資料提供媒體以報導方式刊登、以發函之方式使具相當數量之事業得以共見共聞、於公開銷售之書籍上登載訊息、以推銷介紹方式將宣傳資料交付於消費者、散發產品使用手冊於專業人士進而將訊息散布於眾等，均可謂其他使公眾得知之方法。

四、本法第二十一條所稱表示或表徵，係指以文字、語言、聲響、圖形、記號、數字、影像、顏色、形狀、動作、物體或其他方式足以表達或傳播具商業價值之訊息或觀念之行爲。

五、本法第二十一條所稱虛偽不實，係指表示或表徵與事實不符，其差異難爲相當數量之一般或相關大眾

所接受，而足以引起錯誤之認知或決定者。

六、本法第二十一條所稱引人錯誤，係指表示或表徵不論是否與事實相符，足以引起相當數量之一般或相關大眾錯誤之認知或決定者。

七、虛偽不實或引人錯誤之表示或表徵判斷原則如下：

　（一）表示或表徵應以交易相對人之認知，判斷有無虛偽不實或引人錯誤之情事。一般商品（服務）以一般大眾施以普通注意力為準；專業性產品則以相關大眾之普通注意力為準。

　（二）表示或表徵隔離觀察雖為真實，然合併觀察之整體印象及效果，倘足以引起相當數量之一般或相關大眾錯誤之認知或決定者，即屬引人錯誤。

　（三）表示或表徵之內容以對比或特別顯著方式為之，而其特別顯著之主要部分易形成消費者決定是否交易之主要因素，故其是否虛偽不實或引人錯誤，得就該特別顯著之主要部分單獨加以觀察而判定。

　（四）表示或表徵客觀上具有多重合理的解釋時，其中一義為真者，即無不實。但其引人錯誤之意圖明顯者，不在此限。

八、表示或表徵是否虛偽不實或引人錯誤應考量下列因素：

(一)表示或表徵與實際狀況之差異程度。

(二)表示或表徵之內容是否足以影響具有普通知識經驗之一般大眾為合理判斷並作成交易決定。

(三)對處於競爭之事業及交易相對人經濟利益之影響。

九、預售屋廣告是否虛偽不實或引人錯誤，應以廣告主使用廣告時之客觀狀況予以判斷。

預售屋廣告之廣告主使用廣告時，已預知或可得知其日後給付之內容無法與廣告相符，則其廣告有虛偽不實或引人錯誤。

第一項所稱之客觀狀況，係指廣告主提供日後給付之能力、法令之規定、建材之供給……等。

十、事業違反本法第二十一條禁止規定，如其行為由來已久，為該行業普遍現象，且與產業特性有關者，得以訂定行業規範說明之方式處理。

第二章　檢舉案件之處理程序

第一節 不實廣告案件之提出

十一、檢舉他事業為虛偽不實或引人錯誤之表示或表徵，應請其以書面載明具體內容，並書明真實姓名及地址。其以言詞為之者，本會應作成書面記

錄，經向檢舉人朗讀或使其閱覽，確認其內容無
誤，記明年月日後由其簽名或蓋章。

十二、檢舉他事業為虛偽不實或引人錯誤之表示或表
　　　徵，基於調查事實及證據之必要，應請檢舉人提
　　　供相關商品、包裝、廣告等必要事證，委託他人
　　　檢舉者，應備委任書，並釋明他事業所為表示或
　　　表徵足以使一般人就有無虛偽不實或引人錯誤之
　　　情事產生合理之懷疑。

　　　未依前項提供相關證物或釋明者，應以書面通知
　　　檢舉人於合理期間內提供。

十三、承辦單位於收受檢舉文書後，除應依本會公文處
　　　理手冊規定作業外，應先就檢舉之程序進行下列
　　　事項審核：

　　　(一)是否符合第十一、十二點之規定。

　　　(二)來文是否確屬檢舉性質，應探求當事人之真
　　　　　意。如來文係函詢廣告之真實性、臆測廣告
　　　　　內容有所不實，或送請本會鑑定等非屬檢舉
　　　　　性質者，承辦單位應以非本會職掌案件函
　　　　　覆、逕轉相關主管機關辦理，或影送所涉事
　　　　　業參處。

　　　(三)檢舉人因所檢舉之表示或表徵所受之損害或
　　　　　不利益。但檢舉事件涉及重大公共利益者，
　　　　　不在此限。

(四)如為涉外案件，除應依前開程序處理外，尚
　　須依本會處理涉外案件原則之受理原則辦
　　理。程序不備而得以補正者，應限期函請檢
　　舉人補正；逾期未補正者，得停止處理。

第二節 案件之調查

十四、調查除應依本會調查案件應行注意事項，調查程
　　　序應力求周延，避免重複調查，並得依下列程序
　　　進行：

(一)通知被檢舉事業限期以書面陳述意見。

(二)通知被檢舉事業限期提出資料。

(三)通知被檢舉事業於指定期日到場陳述意見。

(四)於指定期日到被檢舉事業之營業場所調查。

十五、案件經調查事實後發現，事業於表示或表徵上所
　　　使用之用語模稜不清（處於違法與否灰色地帶），
　　　其他目的事業主管機關或法規迄無解釋規定或禁
　　　止規定，而一般消費大眾對其內涵亦尚無共同普
　　　遍認知，如常用之非法定用語或無具體判別標準
　　　者，得停止調查處理，並函覆檢舉人業者所使用
　　　之用語因無法律明文禁止，故不予處分，惟所反
　　　映意見已另行錄案處理，並將持續蒐集相關輿情
　　　反映作為本會執法之參考。

　　　承辦單位對前項案件應以專卷保存，定期或不定

期簽報處理。

十六、檢舉案件經業務單位初步審理足認其檢舉事實、理由與法律要件明顯不符者，得不經調查，簽請核定後先行函覆檢舉人，按月彙總提報委員會議追認。

案件經業務單位調查後，足認案情單純，且明顯不違法者，得依前項規定程序辦理。

十七、案件調查中有下列情事之一者得停止調查，由業務單位簽註意見層送輪值委員審查，經奉首長核定後存查或函覆結案，並按月彙總提報委員會議：

（一）依第十五點辦理者。

（二）（不論表示或表徵是否不實）表示或表徵所銷售之商品現仍銷售中，而被檢舉人於被檢舉前已自行停止或改正其表示或表徵。

（三）被檢舉人在被檢舉前已停業、歇業或解散，或調查中停業、歇業、解散或搬遷不明致無法進行調查。

（四）檢舉人檢舉事業所為同一表示或表徵，業經本會依本法第四十一條前段規定予以處分者。

（五）同一檢舉人於檢舉後撤回，嗣後無正當理由復檢舉事業所為同一表示或表徵者。

(六)不涉及交易秩序、公共利益之民事事件。

(七)涉及刑事案件。

(八)表示或表徵最後使用期日距檢舉時逾一年之案件。但對於事業爲表示或表徵之違法知悉在後,自其知悉之日起六個月內爲檢舉者,不在此限。

前項第八款情形由被檢舉事業負舉證責任;主張知悉在後之事由,由檢舉人負舉證責任。

停止調查案件如有下列情形,應以書面通知檢舉人或移送有關機關處理:

(一)純屬私人權益糾紛,適用民法或其他民事特別法之案件,如買賣契約之瑕疵擔保等,應請檢舉人逕循民事途徑尋求救濟。

(二)涉及刑事案件,如詐欺等,應請檢舉人檢附具體事證向檢警單位告訴(發)。

十八、其他機關主管事項案件,移請各主管機關處理:

(一)商品或服務廣告內容暗示或影射具醫療效能者,移請行政院衛生署處理。

(二)化粧品廣告,移請行政院衛生署處理。

(三)食品廣告涉有食品衛生管理者,移請行政院衛生署處理。

(四)醫療廣告,移請行政院衛生署處理。

(五)乳品之不實標示,移請行政院衛生署處理。

(六)一般商品之標示是否虛偽不實或引人錯誤，移請經濟部處理。

(七)菸酒標示之廣告，移請財政部國庫署處理。

(八)已立案之補習班廣告，移請教育主管機關處理。

(九)推介就業或招募員工有不實廣告者，移請行政院勞工委員會處理。

(十)經新聞局審查許可之廣播、電視廣告，移請新聞局處理。

(十一)色情廣告及怪力亂神等廣告，移請新聞局處理。

(十二)旅遊服務廣告，移請交通部觀光局處理。

(十三)證券或期貨業為虛偽不實或引人錯誤之廣告者，移請財政部證券暨期貨管理委員會處理。

(十四)未依法取得會計師資格而刊登廣告使人誤認有會計師資格之案件，由財政部處理。

(十五)有關保護消費者權益事項，如：消費安全、定型化契約條款效力、特種買賣、企業經營者對商品廣告之真實義務等，經判斷僅涉及私權糾紛，對交易秩序、公共利益之減損輕微者，移送行政院消費者保護委員會轉交相關消費爭議處理機關處理。

(十六)有關商品（服務）應為之標示或出具保證書，以及商品包裝內容有誇張內容者，移由行政院消費者保護委員會轉請主管機關處理。

(十七)其他經本會與其他行政機關協調結果，應先由他機關處理者。

(十八)除上述各款規定外，應依下列標準判斷應屬他機關辦理者：

　　1.特別法優於普通法。

　　2.重法優於輕法。

十九、本原則所稱影響交易秩序、公共利益之判斷原則如下：

(一)受害人數多寡。

(二)是否為該行業普遍現象。

(三)商業倫理之非難性。

(四)戕害效能競爭之程度。

第三章　違法行為之類型化

二十、表示或表徵有下列情形之一者，為本法第二十一條所稱之虛偽不實或引人錯誤：

(一)表示或表徵使人誤認事業主體係他事業之(總)代理商、(總)經銷商、分支機構、維修

中心或服務站等具有一定之資格、信用或其他足以吸引其交易相對人與其交易者。

(二)表示或表徵使人誤認政府機關、公益團體係主辦或協辦單位，或與政府機關、公益團體有關者。

(三)表示或表徵使人誤認他事業名稱或產品品牌已變更者。

(四)表示或表徵誇大營業規模、事業或商品(服務)品牌之創始時間或存續期間且差距過大者。

(五)表示或表徵偽稱他人技術(合作)或授權者。

(六)表示或表徵使人誤認已取得特定獎項，以提升商品(服務)之地位者。

(七)表示或表徵使人誤認其有專利、商標授權或其他智慧財產權者。

(八)表示或表徵使人誤認係特定商品(服務)之獨家供應者。

(九)表示或表徵使人誤認其商品(服務)有投保責任險者。

(十)表示或表徵訂價長期與實際售價不符且差距過大者。

(十一)長期以特價或類似名義標示價格，而實為原價者。

(十二)有最低價格之表示，然無符合最低價格商
　　　品(服務)或符合最低價格商品(服務)數量
　　　過少，難為一般人所接受者。

(十三)表示或表徵使人誤認給付一定價格即可獲
　　　得所宣稱之商品(服務)者。

(十四)表示或表徵之具體數字與實際不符，其差
　　　距逾越一般交易相對人所能接受程度者。

(十五)表示或表徵說明服務之項目或等級與實際
　　　之差距逾越一般交易相對人所能接受程度
　　　者。

(十六)表示或表徵說明商品(服務)具有一定品
　　　質，然差距逾越一般交易相對人所能接受
　　　程度者。

(十七)表示或表徵使人誤認商品(服務)已獲政府
　　　機關核發證明或許可者。

(十八)表示或表徵援引公文書敘述，使人誤認商
　　　品(服務)品質者。

(十九)表示或表徵使人誤認出版品之實際演出
　　　者、撰寫者或參與工作者。

(二十)表示或表徵使人誤認商品具有特定功能，
　　　且差距逾越一般交易相對人所能接受程度
　　　者。

(二十一)實際附有條件、負擔、期間或其他限制

等，而表示或表徵未予明示者。

(二十二)表示或表徵將不同資格、性質、品質之商品(服務)合併敘述，使人誤認所提及商品(服務)皆具有相同之資格、性質、品質者。

(二十三)表示或表徵產品原產地(國)之標示使人誤為係於該原產地(國)所生產或製造者。但該產地(國)名稱已為產品通用之說明者，不在此限。

(二十四)銷售投資性商品或服務之事業所為表示或表徵，使人誤認加盟者或經銷商有巨額收入者。

(二十五)表示或表徵使人誤認節目收視率者。

(二十六)表示或表徵之利率與實際成交之利率不符，其差距逾越一般交易相對人所能接受程度者。

(二十七)表示或表徵使人誤認其商品(服務)之製造者或提供者。

(二十八)表示或表徵使人誤認政府將舉辦特定資格、公職考試或特定行業之檢定考試者。

(二十九)表示或表徵就贈品(或贈獎)活動之優惠內容、參加辦法(人數、期間、數量、方

式)、抽獎日期與實際不符;或附有條件、負擔或其他限制未予明示者。

二十一、有關不動產之表示或表徵有下列情形之一者,為本法第二十一條所稱虛偽不實或引人錯誤:

(一)工業住宅:

1.廣告未對建築基地使用限制為「工業區」或「丁種建築用地」之表示。

2.廣告雖已載明基地使用限制為「工業區」或「丁種建築用地」,但標註較廣告中其他說明顯然有所不足。

3.廣告未對建築物係供與工業有關之使用明確加以表示。

4.廣告使用一般住宅配備為圖示,或文字說明暗示其建築物適合供住宅使用。

5.廣告中有關「建築物用途」之宣傳,與建築或使用執照不同。

(二)國民住宅公告:

1.未經主管機關核准即以國民住宅名義為售屋廣告。

2.建商於獎勵投資興建國民住宅廣告中,使人誤認政府機關為主、協辦單位。

3.廣告中引人誤認未限制承購資格即可辦理國民住宅優惠貸款。

4. 僅部分建物經核准興建國民住宅，廣告使人誤認全部建物均屬國民住宅。

5. 建商以「公告」形式為國民住宅廣告，而廣告中隱匿廣告主體，或所載內容不足以辨明交易主體，或足以引人誤認為政府機關直接興建銷售之國民住宅所為之「公告」。

(三) 建物坐落地點：廣告上標示建物坐落地點與實際不符，而差異難為一般大眾所接受程度者。

(四) 建物面積：

1. 廣告上標示建物之房屋或土地總面積與所有權狀登記之面積不符者。

2. 廣告上標示建物之房屋或土地總面積雖與所有權狀登記之面積相符，然有下列情形者：

(1) 建商於廣告中以「使用面積」、「公共面積」、「室內面積」、「受益面積」、「公共設施」、「受益憑證」等非法定名詞為建築物面積之表示或表徵，未於廣告中明顯處，以相當比例之字體註明其包括範圍，而有引人誤認面積數量者。

(2)建商使用法定用語(如「建築面積」、「基地面積」、「主建物面積」、「附屬建物面積」、「共同使用部分面積」)作為建物面積之表示時,而面積表示之數量與法定用語所應有或登記之面積不符,其差距難為一般消費大眾所接受者。

3.廣告表示建物公同共有或共同使用設施比例之具體數字與完工建物不符者。

(五)建築物外觀、設計、格局配置、建築物環境(區分所有權建物之公同共有或共同使用部分,如休閒步道、戲水池、健身房、花園、游泳池、涼亭等):

1.建築物之外觀、設計、格局配置與廣告海報不符者。

2.建築物之外觀、設計、格局配置雖與廣告海報相符,惟與施工平面圖或竣工圖不符,且經建築管理單位認定係屬違建者。

3.設施不屬於給付或附隨給付之內容,而有被誤為屬於之虞者。

(六)建材設備:廣告上對建築物建材所為之表示或表徵,與實際不符,且其差距難為一

般消費大眾接受者。

(七)建物廣告與公有公共設施及交通不符：

1.廣告對公有公共設施(如學校、公園、運動場、政府機關等)之表示與使用廣告當時之客觀狀況或完工後之實際狀況不符，且其差距難為一般消費大眾接受者。

2.建築物之銷售廣告上以未完成之公有公共設施及交通道路為表示或表徵，使人誤認已完成者。

3.廣告對交通狀況、時間或空間距離之表示，未以通常得使用之道路狀況為計算標準。

(八)房屋仲介加盟店標示：未於廣告、市招、名片上明顯加註「加盟店」字樣，使人誤以為係該仲介直營店之行為者。

(九)建造執照尚未核發引人誤認已取得建照。

(十)納骨塔廣告使人誤認業經核准啟用、開發等。

(十一)廣告表示建築物之用途與建造執照(或使用執照)所載不符，且依都市計畫或建築管理法規不得變更使用者。

(十二)夾層屋：廣告表示系爭房屋為挑高空

間，並以文字、照(圖)片、裝潢參考圖、平面配置圖、立面剖視圖或樣品屋表示有夾層設計或較建物原設計更多之使用面積，且有下列情形之一者：

1.廣告平面圖與施(竣)工平面圖不符者。

2.廣告未明示建築法規對施作夾層之限制(樓層、面積、材質、容積率管制……等)者。

3.經建築管理機關確認為違建者。

(十三)建築物視野、景觀與廣告所表示不符，且其差距難為一般消費大眾所接受者。

(十四)停車位：廣告與施(竣)工圖不符，經營建主管機關認定為違法者。縱建商嗣後實際交付之停車位與廣告相符，亦同。

二十二、事業比較廣告違反本法規定者，依本會「比較廣告違反公平交易法一覽表」處理。

二十三、對於違反公平交易法第二十一條第一項、第三項規定之事業，倘命其刊登更正廣告，可防止或除去或補救其行為所造成之危害者，得命其刊登更正廣告，其處理方式依「本會命為刊登更正廣告案件之處理原則」處理。

二十四、除第二十點至第二十二點所列各種情形外，事

業所為其他表示或表徵若符合第七點至第八點，足以影響交易相對人為合理判斷交易決定之虛偽不實或引人錯誤之要件，亦為本法第二十一條所稱之虛偽不實或引人錯誤。

第四章　附則

二十五、承辦單位處理本法第二十一條案件時，除本原則中未明定者外，應於提報委員會議之議案中具體引用本原則條文。

處理具體個案所提擬辦意見與本原則規定不符者，除提報委員會議修改本原則之規定者外，應依本原則規定辦理。

附錄七　行政院公平交易委員會命為刊登更正廣告案件之處理原則

90.12.15.第484次委員會通過
90.4.24.(90)公參字第1229號令發布

一、訂定目的

　　行政院公平交易委員會(以下簡稱本會)為處理事業違反公平交易法第二十一條第一項或第三項規定案件，如何為刊登更正廣告之處分，特訂定本原則。

二、命刊登更正廣告之時機

　　對於違反公平交易法第二十一條第一項或第三項之事業，倘命其刊登更正廣告，可防止、除去或補救其行為所造成下列危害之一者，得命其刊登更正廣告：

(一)違法行為之交易相對人，將繼續信賴虛偽不實或引人錯誤之資訊而為交易決定，致有影響交易秩序之虞者。

(二)違法行為之交易相對人，因信賴虛偽不實或引人錯誤之資訊，致其權益有受損害之虞者。

三、違法行為危害之判斷因素

第二點所稱危害之有無及其大小,應就虛偽不實或引人錯誤之表示或表徵,斟酌下列因素判斷之:

(一)傳播媒介、數量、頻率、時間長短,及最後使用日期。

(二)顯著性及說服力強弱。

(三)對交易決定之重要性。

(四)相關商品或服務資訊之其他來源。

(五)相關商品或服務之交易及消費特性。

(六)相關交易活動之持續性。

(七)使用前後,相關商品或服務之銷售或供應情形。

四、如何刊登更正廣告之裁量注意事項

案件符合第二點情形已構成危害者,於要求事業刊登更正廣告相關之方式、時間及數量裁量時,應考量下列事項:

(一)違法行為是否為本會重點督導事項。

(二)事業是否曾因相同或類似行為,受本會處分或警示在案。

(三)其他處分手段對於事業之嚇阻效果是否充分。

(四)事業於本會處分前自行採取更正或改正措施之情形。

(五)事業之規模、經營情況及營業額。

(六)違法行為所得利益。

(七)違法行為危害之程度及持續期間。

(八)為達到相同更正目的及效果，本會採取對事業權益損害較少之其他措施之可行性。

(九)事業製作及散播更正廣告之負擔，與更正廣告效益之衡平性。

五、輕微案件之排除

違法事業之規模、經營情況、營業額及因違法行為所得利益，在一般標準以下，或違法行為危害之程度或持續期間並非顯著，且對市場交易秩序無重大危害者，得不為刊登更正廣告之處分。但依第四點綜合考量，確有命其刊登更正廣告處分之必要者，不在此限。

前項所稱違法事業之規模、經營情況、營業額及因違法行為所得利益之考量，參酌本會裁處罰鍰額度標準為之。

有下列情形之一者為第一項所稱之違法行為危害程度或持續期間非顯著：

(一)依違法行為表示或表徵之使用量，或商品或服務之供應數量判斷，可能受不利益者未達相當人數。

(二)違法行為表示或表徵之最後使用時間，距本會調查完畢時達半年以上者。但其曾經長期、密集、大量被使用，或其所包含虛偽不實或引人

錯誤之資訊，以其他方式繼續散播者，不在此限。

(三)違法行為相關商品或服務，於本會調查完畢前，已停止銷售或供應者。

(四)違法行為前後，相關商品或服務之銷售或供應量無明顯增加者。

六、刊登內容之指定

更正廣告之刊登，應指定具體、明確之說明文字，並得以「更正廣告」為標題，命被處分人刊登。

前項說明文字之指定，應視個案需要揭露違法行為之虛偽不實或引人錯誤事項，及其他足以排除錯誤認知之相關資訊，並載明業經本會處分之意旨。

更正廣告之刊登，應同時要求被處分人不得於更正廣告上為其他相反於前項文字之表示。

七、刊登時間之指定

更正廣告之刊登，應命被處分人於限期或指定日期為之，以不逾處分書送達後三十日為限。

八、刊登方式之指定

更正廣告之刊登，應指定方式命被處分人為之。

前項刊登方式之指定，應力求使可能因違法行為而受不利益之消費者或事業，得以迅速而確實共見共聞為

原則。其刊登媒介、次數、頻率、時段、版面位置及大
小、數量，得參酌違法行為之傳播方式定之，必要時並
得指定字體或字級大小、顏色、標線等編排方式。

消費者權利──消費者保護法　　POLIS系列 19

作　　　者／黎淑慧

出 版　者／揚智文化事業股份有限公司

發 行　人／葉忠賢

總 編　輯／林新倫

登 記　證／局版北市業字第1117號

地　　　址／台北市新生南路三段88號5樓之6

電　　　話／(02)2366-0309

傳　　　眞／(02)2366-0310

網　　　址／http://www.ycrc.com.tw

E-mail／book3@ycrc.com.tw

郵撥帳號／19735365

戶　　　名／葉忠賢

印　　　刷／鼎易印刷事業股份有限公司

法律顧問／北辰著作權事務所　蕭雄淋律師

Ｉ Ｓ Ｂ Ｎ／957-818-486-7

初版一刷／2003年4月

定　　　價／250元

＊本書如有缺頁、破損、裝訂錯誤，請寄回更換＊

國家圖書館出版品預行編目資料

消費者權利：消費者保護法／黎淑慧著. - -
初版. - -臺北市：揚智文化 ,2003〔民92〕
面： 公分. - -（POLIS系列；19）
參考書目：面

ISBN 957-818-486-7（平裝）

1.消費者保護 - 法規論述

548.39023   92001779